Mensch und Organisation 4

herausgegeben von W. H. Staehle

Bernhard Wilpert

Führung in deutschen Unternehmen

Walter de Gruyter · Berlin · New York 1977

Dr. phil. *Bernhard Wilpert*
Wissenschaftszentrum Berlin
Internationales Institut für Management und Verwaltung

Mit 14 Diagrammen und 39 Tabellen

CIP-Kurztitelaufnahme der Deutschen Bibliothek

Wilpert, Bernhard
Führung in deutschen Unternehmen. – 1. Aufl. – Berlin, New York: de Gruyter, 1977.
(Mensch und Organisation; 4)
ISBN 3-11-006914-8

 Satz und Druck: Walter de Gruyter & Co., Berlin. Bindearbeiten: Lüderitz & Bauer, Buchgewerbe GmbH, Berlin. Printed in Germany.

Geleitwort des Herausgebers

In den letzten Jahren gewinnen situative Forschungsansätze in der Organisations- und Führungslehre immer größere Bedeutung. Diese Ansätze wollen vergleichbare Problemsituationen, deren Einflußfaktoren, mögliche Handlungsalternativen sowie Effizienzindikatoren in einer Vielzahl von Unternehmen im In- und Ausland empirisch erfassen. Die bislang in der Bundesrepublik Deutschland vorgelegten Arbeiten über das Führungsverhalten von Managern haben dem Aspekt der Abhängigkeit des Entscheidungsverhaltens von bestimmten situativen Gegebenheiten, wie Umwelt, Technologie, Aufgabe, Organisationsstruktur, kaum Rechnung getragen. Führungsverhalten und Führungserfolg sind nicht nur eine Funktion bestimmter Führungseigenschaften (Eigenschaftstheorie), sondern variieren in Abhängigkeit eines situativen Kontextes, in dem Führer und Geführte interagieren.

Der hier vorgelegte 4. Band der Schriftenreihe „Mensch und Organisation" liefert erstmals umfangreiches empirisches Material zum Situationsansatz der Führung. Dem Verfasser ist es gelungen, eine Reihe zentraler Hypothesen des situativen Führungsansatzes in deutschen Unternehmen empirisch zu bestätigen. Die befragten Manager gaben z. B. an, daß sie in unterschiedlichen Situationen einen unterschiedlichen Führungsstil und unterschiedliche Entscheidungstechniken praktizieren. Diese und ähnliche empirischen Belege werden in der Unternehmenspraxis, die immer noch nach generell gültigen Organisations- und Führungsprinzipien ruft, auf großes Interesse stoßen.

Für die aktuelle Diskussion über Möglichkeiten und Grenzen wirkungsvoller Partizipation möglichst vieler Mitarbeiter sowie zum Problem von Funktion und Rolle der leitenden Angestellten bietet die hier vorgelegte Arbeit ebenfalls eine Fülle von empirischem Material und technologisch verwertbaren Befunden.

In forschungsmethodischer Hinsicht schließlich ist die Arbeit vor allem deshalb von Interesse, weil mit der Verwendung der Gruppen-Feedback-Analyse eine Verbindung der Ansätze der verstehenden, ideographischen mit der nomothetischen Methode der empirischen Sozialforschung angestrebt wird. Die Arbeit kann auch in dieser Hinsicht als wegweisend angesehen werden.

Die Arbeit ist Teil eines größeren vergleichenden Forschungsvorhabens über Führungs- und Entscheidungsstile des oberen Managements, das neben der Bundesrepublik in sieben weiteren Ländern (USA, Israel, Großbritannien, Schweden, Holland, Frankreich, Spanien) durchgeführt wird. Es gilt abzuwarten, ob die Ergebnisse dieser Länderstudien Aufschlüsse über die Kulturabhängigkeit von Führung als weiterer Situationsvariablen zu liefern in der Lage sind.

Darmstadt, im Sommer 1977 Prof. Dr. W. H. Staehle

Vorwort

Die vorliegende Studie ordnet sich in den Rahmen eines internationalen Forschungsvorhabens über Führungsformen in Großunternehmen ein. Die Untersuchungen in den teilnehmenden acht Ländern* wurden in eigener Verantwortung von den jeweiligen nationalen Vertretern im internationalen Forschungsteam durchgeführt. Die internationale Koordination lag bei Frank A. Heller, Tavistock Institute of Human Relations, London, und als Teilverantwortung für Schweden und Frankreich beim Autor dieser Studie. Weitere Länderberichte und eine international vergleichende Analyse sind in Vorbereitung. Wesentlichsten Anteil an der Finanzierung der internationalen Bemühungen hatte der Britische Social Science Research Council und das Internationale Institut für Management und Verwaltung im Wissenschaftszentrum Berlin.

Zu Dank bin ich in erster Linie den Managern verpflichtet, deren Mitwirkung diese Studie überhaupt ermöglichte. Die Offenheit der Aussprachen während der Datenerhebungen und bei den Ergebnisdiskussionen gehört mit zu meinen ermutigendsten Erfahrungen. Von den vielen Kollegen, deren Kritik, Anregung und Hilfen die Arbeit in verschiedenen Phasen begleiteten, müssen dankbar vor allem genannt werden: Gerd Brand, Roger Dunbar, Walter Goldberg, G. Maletzke, William H. Starbuck, H. Trebesch, Sigrid Wehner, Hans Wehner und James E. Howell, dessen Rat und Unterstützung entscheidend für die Inangriffnahme war. Frank Heller verdanke ich mehr als nur wissenschaftliche Unterstützung, theoretische und methodische Hilfen: eine über die vergangenen Jahre gemeinsamer Arbeit gewachsene Freundschaft. Rainer Gohlke, Gerd Mensch und Veljko Rus ermöglichten durch ihre Hilfe und Gastfreundschaft in kritischen Phasen der Niederschrift den notwendigen ungestörten Freiraum, wofür ich mich ihnen tief verpflichtet fühle. Ilona Köhler danke ich für ihre entscheidende

* Die Forschungen wurden in folgenden weiteren Ländern durchgeführt: Frankreich (J.-M. Fourcade, Centre d'Enseignement Supérieur des Affaires), Israel (T. Weinshall, Tel-Aviv University, Faculty of Management), Niederlande (P. Fokking, P. t'Hoft, Erasmus Universiteit Rotterdam, Faculty of Economics) Schweden (P. Docherty, The Economic Research Institute at the Stockholm School of Economics), Spanien (B. Roig, Instituto de Estudios Superiores de la Empresa, Universidad de Navarra), United Kingdom und USA (F. A. Heller, Tavistock Institute of Human Relations).

Mitwirkung in allen Phasen der Arbeit: bei der Erstellung der Erhebungsbögen, im Kodieren der Daten, in einzelnen Datenerhebungen, beim Anfertigen des Manuskripts – alles in ständig wacher Kritik. Abbitte muß ich meiner Familie gegenüber leisten, die in bewundernswerter Geduld die zusätzlichen Belastungen, die diese Arbeit auch für sie brachte, ertrug: Czarina, Gregor und Karin – ihnen ist sie gewidmet.

Berlin, im Sommer 1977 Bernhard Wilpert

Inhalt

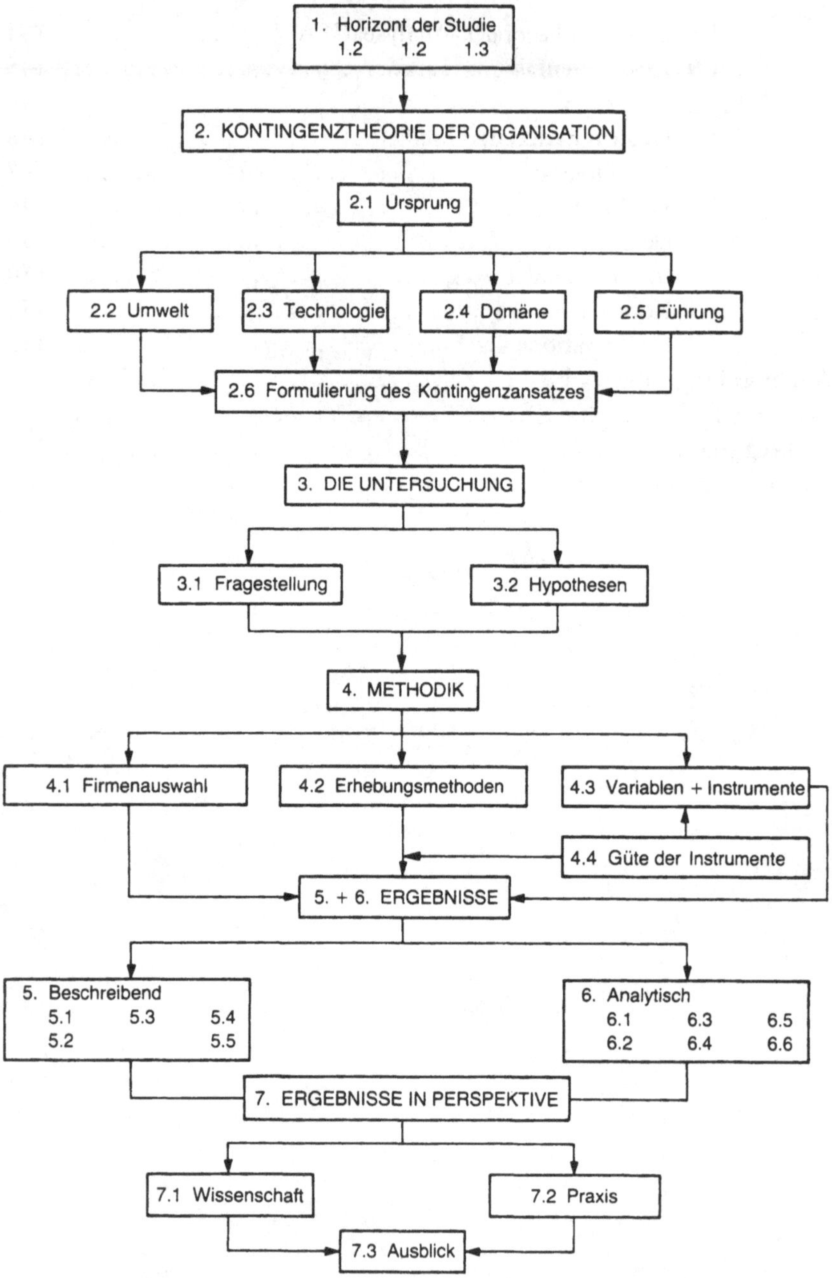

Gedankenflußplan

1. Der Horizont

1.1 Management-Lücke

Europa mangelt es an Führung und Organisation. Mit dieser These hat Servan-Schreiber (1967) wie kein anderer vor ihm die Bedeutung des Managements in Wirtschaft und Gesellschaft ins öffentliche Bewußtsein gehoben. Die technologische Lücke als Erklärung unterschiedlicher Wirtschaftskraft der USA und Europas wurde umgetauft zur Management-Lücke. Der Expansionsdruck amerikanischer Unternehmen und ihre anscheinend größere Wirtschaftlichkeit (vor allem während der 60er Jahre) findet, so die These zum „management gap", seinen Grund in besseren Führungs- und Managementmethoden. Woran aber erkennt man gute Führung, gutes Management? Für Servan-Schreiber scheint die Antwort klar: Vergrößerung der Verantwortung auf allen Ebenen, mehr Vertrauen in Untergebene, mehr Delegation; dies sind die notwendigen Bedingungen zur Freisetzung aller Kräfte menschlicher Phantasie und Eigeninitiative, um Herausforderungen wie der amerikanischen begegnen zu können.

Wo nun, unabhängig davon, ob sie als „gut" oder „schlecht" zu bezeichnen wären, liegen die Unterschiede des industriellen Managements in Europa und den USA? Auch Grosset (1970) glaubt eine Antwort zu kennen. In gewagter tour de force beschreibt er die Gemeinsamkeiten und Unterschiede im Management dies- und jenseits des Atlantiks auf knappen 150 Seiten. Gemeinsam sind Europas und Amerikas Managern mehr oder weniger ihre soziale Herkunft und Bildung, die unternehmerischen Funktionen der Entscheidungsfindung und der Verantwortung. Hier aber enden die Gemeinsamkeiten. Die größten Unterschiede liegen nach Grosset im Ideologischen: Profitorientierung in den USA, gesellschaftliche Dienstleistungsorientierung in Europa; eine aktive Rolle des Staates im Wirtschaftsleben ist leichter in Europa akzeptiert als in den USA; Europäer sind autokratischer, Amerikaner kooperativer. – Der Autor kommt zu solch pauschalen Aussagen aufgrund der wenigen, methodisch und der Interessensrichtung nach außerdem noch höchst unterschiedlich angelegten international vergleichenden Arbeiten[1].

[1] Vor allem: Harbison und Myers (1959), Granick (1962), Nowotny (1965), Haire, Ghiselli, Porter (1966).

Dagegen zeichnet die bahnbrechende Arbeit von Haire, Ghiselli und Porter (1966) ein sehr viel differenzierteres Bild relativer Ähnlichkeiten von Grundeinstellungsn unter den 3600 befragten Managern aus 14 Ländern. Einerseits identifizieren die Autoren Einstellungsähnlichkeiten aufgrund offenbarer kultureller Zusammengehörigkeit (z. B. Gruppe der nordeuropäischen Länder: Dänemark, Deutschland, Norwegen, Schweden; lateineuropäische Länder: Belgien, Frankreich, Italien, Spanien), andererseits weisen sie Gruppen (clusters) der Zusammengehörigkeit nach dem Stand der Industrialisierung nach (Argentinien – Chile – Indien, im Gegensatz zu den anderen, höher industrialisierten Ländern). In den drei untersuchten Einstellungsdimensionen (grundlegende Annahmen zur Managementpraxis, Selbstverständnis in der Rolle des Managers, Motive und Befriedigung der Erwartungen als Manager) sind sich die Manager aus Ländern innerhalb einer Gruppe ähnlicher als im Vergleich zu Ländern außerhalb ihrer Ländergruppe.

Mit diesen Arbeiten ist ein Thema angeschlagen, das unter dem Stichwort „vergleichendes Management" (comparative management) unter drei verschiedenen Perspektiven (Schöllhammer 1970) bearbeitet wurde: zum einen unter dem *sozioökonomischen Ansatz,* zu dessen Vertretern vor allem Harbison und Myers (1959) gehören. Ihr Hauptinteresse richtet sich darauf, wie unterschiedlicher Industrialisierungsgrad und unterschiedliche Ausformungen des Managements sich gegenseitig beeinflussen. Parallel zur wachsenden Industrialisierung wächst der Zwang industrieller Organisationen, sich zu spezialisieren, um den wachsenden Komplexitäten Rechnung zu tragen. Die Größe und Komplexität von Industrieunternehmen selbst nimmt zu und stellt völlig neue Managementanforderungen. So fordert „die Logik industrieller Entwicklung bei Größen- und Komplexitätszuwachs der Unternehmen eine zunehmende Dezentralisierung des Managements"[2]. Der *ökologische Ansatz* von Farmer und Richman (1965) betont demgegenüber ein Schwergewicht externer Faktoren und Umweltbedingungen in ihrer prägenden Kraft für die Wirksamkeit des Managements. Der *verhaltenswissenschaftliche Ansatz* (behavioral approach) verbindet sich vor allem mit der bereits erwähnten Studie von Haire, Ghiselli und Porter (1966) sowie den Arbeiten Negandhis (1965, 1968, 1971, 1975). Im Zentrum des Interesses stehen hier die Einstellungen, Motive, interpersonalen Beziehungen und Führungsstile von Managern in unterschiedlichen kulturellen

[2] Übersetzungen wurden, sofern die Texte nur fremdsprachlich vorlagen, vom Autor dieser Studie angefertigt.

(nationalen) Umwelten. – Unabhängig vom jeweiligen Interessensschwerpunkt zeigt sich, daß die Übergänge dieser Ansätze fließend sind. Das liegt am unentrinnbaren Wechselverhältnis von Management und Umwelt. Vor jedem internationalen, interkulturellen Vergleich wäre jedoch erst einmal zu fragen, was wir über das industrielle Management im eigenen Lande wissen.

1.2 Management in Deutschland

1.2.1 Elitetheoretischer Ansatz

Die schwierige Frage, was denn eigentlich ein Manager, eine Führungskraft, ein „Leitender" sei, beantworten viele empirische Arbeiten mit einer Einengung auf die Spitzenposition innerhalb einer Organisation. Top-Manager ist, „wer die mit der höchsten formalen Autorität ausgestattete Position in einem Wirtschaftsunternehmen innehat". So definiert Biermann (1971) den „Unternehmer" in einer der umfassendsten repräsentativen Untersuchungen zur Sozialstruktur von 1655 Unternehmern Nordrhein-Westfalens. Ähnlich grenzen Hartmann (1956), Hartmann und Wienold (1967), Zapf und Kruk ihren Untersuchungsgegenstand ein. Zapf (1965) erfaßt die Herkunft und den Werdegang von 318 Vorstandsmitgliedern der 50 größten Unternehmen der Bundesrepublik, während Kruk im einen Fall 2053 Manager (Vorstände, Aufsichtsräte, Direktoren, Geschäftsleiter) aus 381 der größten deutschen Firmen befragt (1972) und im andern Fall (1967) u.a. Herkunft, Alter und Ausbildung von 31.427 Mitgliedern des Top-Managements (wiederum Vorstände, Aufsichtsräte, Geschäftsführer, Unternehmer) untersucht.

Selbst bei einer Eingrenzung auf das Top-Management ist der Untersuchungsgegenstand durchaus uneinheitlich, wie es sich bereits anhand der erwähnten Arbeiten zeigt. Unterschiedliche Unternehmungsgrößen, unterschiedliche Managementfunktionen (Vorstand, Aufsichtsrat) und unterschiedliche geographische Auswahlgesichtspunkte schaffen eine sehr heterogene Untersuchungsmasse, die kaum verallgemeinernde Aussagen über die Gesamtheit der Top-Manager zuläßt. Trotz aller Vorbehalte verdanken wir vor allem diesen Arbeiten, was wir über soziale Herkunft und Karriereweg deutscher Top-Manager wissen: ihre weitgehend bürgerliche Herkunft allgemein, die bevorzugte Rekrutierung aus Schichten des oberen Bürgertums (vor allem auch Beamtenfamilien) bei Großunternehmen, wachsende

Bevorzugung einer Universitätsbildung mit wachsender Größe des Unternehmens, generell eine zunehmende Akademisierung der Unternehmungsführungen, die Überrepräsentanz protestantischen Elternhauses. Ist es bereits schwierig, den Top-Manager eindeutig zu definieren, so beobachten wir einen merklichen Komplexitätssprung, wenn der Begriff des Managers auf den „Leitenden Angestellten" ausgedehnt wird. Die einschlägige Untersuchung von Hartmann et al. (1973) geht davon aus, daß die Grundgesamtheit der „Leitenden" zwar schwer zu definieren, aber dennoch in einem Prozeß der Gruppenbildung begriffen sei, „der aus ihnen als einer sozialen Kategorie zunächst ein soziales Kollektiv, dann eine soziale Gruppe werden läßt". Im Verlaufe dieses Prozesses erwarten sie die Ausbildung von Institutionen der Interessenvertretung Leitender Angestellter, die damit in zunehmendem Maße in die Auseinandersetzung um Formen der Mitbestimmung eingreifen werden. Vorläufig aber stellen sie fest: „Über die Abgrenzung der Leitenden von den nichtleitenden Angestellten, und selbst über ihre Abgrenzung von der obersten Unternehmensspitze, herrschen erhebliche Meinungsverschiedenheiten". Damit stellt sich in allen Untersuchungen über Leitende Angestellte das Problem der Auswahl zu erfassender Personen. Hartmann et al. lösen es durch ihre Anlehnung an das Betriebsverfassungsgesetz und die betriebliche Praxis: Leitende Angestellte sind solche, die gemeinhin als solche angesehen werden. Mit Hilfe dieser pragmatischen Lösung wählen sie insgesamt 305 Angestellte aus, deren Position wiederum durchaus unterschiedliche Merkmale trägt: sie kommen aus unterschiedlichen Betriebsgrößen und Branchen, aus unterschiedlichen Hierarchie-Ebenen und betrieblichen Funktionsbereichen. Da es den Autoren in erster Linie um eine Beschreibung des Selbstbewußtseins und Selbstverständnisses Leitender Angestellter ohne Anspruch auf Repräsentativität ging, ist das Vorgehen sicher zu rechtfertigen. Ähnlich pragmatisch lösten Pross und Boetticher (1971) die Auswahlprobleme in ihrer Untersuchung über Leitende Angestellte in dreizehn Großunternehmen: die Fragebögen wurden von Unternehmensleitungen, die den Forschern persönlich bekannt waren, an leitende Führungskräfte mehrerer Ebenen (einschließlich Vorstände) verteilt. Es waren also die Unternehmensleitungen, die darüber entschieden, wer zum oberen Management ihres Unternehmens zu rechnen sei.

Insgesamt zeigt sich in diesen soziologischen Arbeiten, wie schwierig es ist, selbst einen augenscheinlich eindeutigen Personenkreis „Top-Manager" für Studienzwecke zu isolieren. Angesichts der Definitionsprobleme und der fließenden Grenzen zwischen Unternehmensspitze, Leitenden Angestellten und Führungskräften bot es sich an, den Begriff des „Managements" einheitlich unter Funktions- und Handlungsaspekten der unternehmerischen Zielsetzung und Zielerreichung zu betrachten: „Das Management ist dabei keineswegs nur mit der obersten Unternehmungsleitung zu identifizieren, sondern es erstreckt sich, da die Zielsetzungen der Unternehmung sich in multipersonal-arbeitsteilig strukturierten und rangmäßig abgestuften Prozessen vollziehen, über alle Instanzebenen der Unternehmung" (Bütow und Dorow 1975). Die Autoren verstehen dabei das Unternehmen in Anlehnung an Dlugos (1974) als quasi-politisches „System kollidierender interessenbedingter Handlungsspielräume in einem ebensolchen Umfeld" und fassen den Begriff des Management in seiner größtmöglichen Bedeutungsweite: die Gesamtheit des Personenkreises, der Aufsichts- und Vorgesetztenfunktionen irgendwelcher Art erfüllt. Ein solchermaßen ausgeweitetes Verständnis des Managementbegriffes mag für Fragestellungen wie etwa zu Formen der Konfliktaustragung über unterschiedlichen Management-Instanzen hinweg hilfreich sein. Er verlagert das Problem jedoch auf neue Definitionsnotwendigkeiten: hierarchische Ebenen oder Instanzen müssen eindeutig abgrenzbar gemacht werden.

1.2.2 Strukturtheoretischer Ansatz

Diesem Ansatz, der sich strikter organisationssoziologisch an unterscheidbaren hierarchischen Ebenen orientiert, folgen die Untersuchungen von Brinkmann (1967), Blaschke (1972), Lukatis (1972) und Zeidler (1972). Inwieweit eine akademische Vorbildung den beruflichen Anforderungen des oberen und mittleren Managements entspricht, war die Fragestellung der Untersuchung von Brinkmann. Zu diesem Zwecke unterschied er vier hierarchische Management-Ebenen:

I – Vorstände, Geschäftsführungen
II – Direktoren (Abteilungs-, Bereichsleiter)
III und IV – direkt nachfolgende Ebenen

und führte seine Befragung von ca. 20.000 Managern in 100 nordrhein-westfälischen Unternehmungen durch. Insgesamt waren Betriebswirtschaftler in Führungspositionen mit ihrer Universitätsausbildung unzufriedener und fühlten sich eher zu einseitig für ihre Aufgaben ausgebildet als Hochschulabsolventen technischer Fachrichtungen.

Mit einer ähnlichen Fragestellung über die Angemessenheit der Zuordnung von universitärer Ausbildung und wirtschaftlicher Führungstätigkeit traten die im Sozialwissenschaftlichen Forschungszentrum der Universität Erlangen-Nürnberg erstellten Arbeiten von Blaschke, Lukatis und Zeidler an, die alle in Süddeutschland durchgeführt wurden. Zeidler unterscheidet seine untersuchten Führungspositionen nach verschiedenen Positionshöhen innerhalb erwerbswirtschaftlich orientierter Unternehmen. Dabei bedient er sich eines Meßinstrumentes („Führungsindex"), das mit Hilfe von dreißig Merkmalen die Führungspositionen eines Unternehmens eindeutig voneinander abgrenzt und mit den Führungspositionen anderer Unternehmen unterschiedlicher Branchen und Unternehmungsgrößen vergleichbar macht. In den Index gehen Merkmale ein wie Kontakthäufigkeit, Wochenarbeitszeit, Arbeitszeit pro Woche zu Hause, Bruttojahreseinkommen. Auf diese Weise gelang ihm die Aufteilung der befragten Führungskräfte je zur Hälfte in obere und mittlere Führungskräfte (die Ebene der „unteren Führungskräfte" wie z.B. Gruppenleiter wurde ausgeklammert). – Die hierarchische Ebenenzugehörigkeit wird bei Blaschke durch das Verhältnis der Ebene des Befragten zur Gesamtzahl der Ebenen des Betriebes relativiert, damit zu einem Teilaspekt des Karriereerfolges gemacht und mit verschiedenen anderen Variablen korreliert. Karrierebewußtsein (Einstellungsmerkmale wie Vorgesetzten- und Karriereorientierung) und Bildungsmerkmale (Gesamtdauer formaler Ausbildung, verbale Intelligenz) treten als wesentliche Determinanten beruflichen Erfolges hervor.

Lukatis betrachtet schließlich als Führungskräfte alle Mitarbeiter in Positionen, „denen organisatorisch noch mindestens eine weitere hierarchische Ebene nachgeordnet ist". Diese Gesamtheit des Führungspersonals gliedert sie dann in Anlehnung an Pugh et al. (1968) in die „Geschäftsleitungsebene", die „obere Führungsebene" (Stellung unmittelbar unter der Geschäftsleitung), die „mittlere Führungsebene" und die „untere Führungsebene". Die Fragestellung ihrer Untersuchung richtet sich dann auf die Messung verschiedener Merkmale, die sie als Führungsstruktur bezeichnet (z. B. die hierarchischen Ebenen, auf denen bestimmte Entscheidungen getroffen werden; Einkommensdifferenzierung der hierarchischen Ebenen; Existenz formaler Vorschriften für das Zusammenwirken der Unternehmensteile; Grad der Beteiligung von Mitarbeitern an Entscheidungsprozessen des Vorgesetzten; Grundeinstellungen zu Führungsproblemen). Die weitere Auswertung ihrer Erhebungen in 222 bzw. 412 Betrieben Süddeutschlands bezieht sich dann auf die Zusammenhänge zwischen verschiedenen Merkmalen der Führungsstruktur und die Zusammenhänge von Führungsstruktur und allgemeinen Betriebsmerkmalen (z. B. Betriebsgröße, Technisierungsgrad, Mechanisierungs- und Automationsgrad, Branchenzugehörigkeit, Bildungsstruktur der Betriebsangehörigen). – Die weitgehend explorativ angelegte Untersuchung hat eine Fülle von Material und Erkenntnissen über Organisations- und Führungsformen in Betrieben vorwiegend kleinerer und mittlerer Größen geliefert (75% der ausgewählten Betriebe hatten unter 1000 Beschäftigte). Darunter etwa, daß $^2/_3$ aller Unternehmen von einem einzelnen „Mann an der Spitze" geführt werden, daß 16,5% der Unternehmen schriftliche Führungsanweisungen über den Umgang mit Mitarbeitern aufweisen und daß zwischen 33% (untere Führungsebene) und 41,5% (mittlere) bzw. 43% (obere Führungsebene) bei Entscheidungen über die Einstellung neuer Mitarbeiter kooperativ mitentscheiden. Daraus schließt Lukatis auf ein dominierendes Verhalten der Vorgesetzten, nachgeordnete Mitarbeiter in den Prozeß der Personalentscheidungen einzubeziehen. Enge Beziehungen scheinen außerdem zwischen dem Mechanisierungs- und Automationsgrad der Fertigung sowie dem Grad der Formalisierung des Geschäftsablaufs einerseits und der Entscheidungszentralisation zu bestehen: Automatisierung und Formalisierung gehen Hand in Hand, und höher automatisierte/formalisierte Unternehmen ermöglichen den unteren Hierarchieebenen einen größeren Entscheidungsspielraum. Ebenso findet man in Unternehmen mit höherem Anteil an Absolventen von Hochschulen und Höheren Fachschulen eine größere Verlagerung der Entscheidungen auf untere Ebenen, d.h. eine größere Entscheidungsdezentralisation.

In dem Maße, in dem diese weitgehend an die klassische Bürokratieforschung angelehnten Arbeiten Probleme des Führungsstils und seine wechselseitigen Bezüge zu anderen Organisationsmerkmalen thematisieren, nähern sie sich bereits spezifischeren sozial-psychologischen Fragestellungen zum Management.

1.2.3 Sozialpsychologischer Ansatz

Das Problem, wie Führungs*verhalten* zu beschreiben sei, hat im Gefolge der Forschungsarbeiten an der Ohio State University (Ohio-Schule der Führungsforschung) auch zu einer Reihe von Arbeiten in Deutschland geführt, die jedoch vorwiegend methodologisch orientiert sind: es ging darum festzustellen, inwieweit die in den USA entwickelten Fragebögen in übersetzter Fassung zu ähnlichen Ergebnissen führten. Die Fragebogen werden von Untergebenen zur Beschreibung des Führungsverhaltens ihrer Vorgesetzten benutzt. Sie zeigten in der Regel, daß es vor allem zwei grundlegende Faktoren sind, die sich (faktoren-analytisch) von einander weitgehend unabhängig für die Beschreibung des Vorgesetztenverhaltens eigneten: Ziel- und Aufgabensetzung (initiating structure) und Gruppen- bzw. Mitarbeiterunterstützung (consideration). Tatsächlich wurden beide Faktoren auch in deutschen Untersuchungen als bedeutsam identifiziert (Tscheulin und Rausche 1970, Tscheulin 1973, Lück 1970, Nachreiner und Lueck 1971). Diese Faktoren ließen sich in Einzelfällen noch weiter auffächern, wie dies aus der Arbeit von Fittkau-Garthe (1970) hervorgeht, die 1313 Untergebene ihre Vorgesetzten (insgesamt 228) beschreiben ließ. Für sie schienen vier Faktoren von besonderem Gewicht zu sein:

(1) Freundliche Zuwendung und Respektierung der Gefühle von Untergebenen;
(2) Arbeitsstimulierende Aktivität;
(3) Kontrolle und äußerer Druck;
(4) Gewährung echter Beteiligung.

Über eine reine Bemühung um Standardisierung amerikanischer Erhebungsinstrumente gehen leider nur wenige Arbeiten hinaus, so daß unser Wissen aus dieser speziellen Forschungsorientierung sehr begrenzt bleibt. Eine Ausnahme bildet die Untersuchung von Bergmann, Lück und Nachreiner (1972), die mit Hilfe eines Ohio State-Fragebogens bei 64 Facharbeitern und 41 mittleren Führungskräften eines Kölner Unternehmens die Vorstellung vom idealen Vorgesetzten untersuchten. Es zeigte sich, daß man im mittleren Management mehr als im unteren Facharbeiterniveau höhere Erwartungen an die strukturierenden Maßnahmen der Vorgesetzten stellte, vermutlich weil in unteren Ebenen der Aktionsspielraum ohnehin schon weitgehend eingeengt ist. Außerdem zeigte sich, daß unabhängig von der Position ältere Führungskräfte mehr als jüngere ein strukturierendes Verhalten von ihrem Vorgesetzten erwarten. Die Autoren vermuten, daß dies mit Unterschieden in der Vor- und Nachkriegserziehung zusammenhänge.

Ähnlich in der Nachfolge amerikanischer Forschungen, aber mit anderer theoretischer und methodischer Orientierung (in Anlehnung an Catells Persönlichkeitstheorie) untersucht Neubauer (1971) bei einer Stichprobe von 108 Beschäftigten mittelfränkischer metallverarbeitender Unternehmen die Einstellung gegenüber Vorgesetzten. Die durchschnittliche Abweichung der IST-Beschreibung von der SOLL-Beschreibung nimmt er als Maß der Zufriedenheit mit dem Vorgesetzten. Der erwartete Zusammenhang mit der allgemeinen Arbeitszufriedenheit stellte sich nicht ein. Hingegen zeigten sich signifikante Zusammenhänge mit beruflichen Aufstiegschancen und dem individuellen Weiterkommen. Überdurchschnittlich Unzufriedene hatten weitergehende Berufspläne, Frauen standen signifikant positiver zu ihren Vorgesetzten als Männer.

Teilweise von der betriebswirtschaftlichen Organisationslehre beeinflußt (z. B. Bleicher 1969, Baumgarten 1974), gibt es neuerdings Ansätze zur empirischen Erforschung von Führungsstilen als der Ausübung von Führungsfunktionen „im Prozeß der Entscheidungsfindung und Entscheidungsdurchsetzung" (Zepf 1972). Zepf unterscheidet einen autoritären von einem kooperativen Führungsstil am „Ausmaß der Teilnahme der Gruppen und der Grupenmitglieder an den aufgaben- und personenbezogenen Entscheidungen. Der autoritäre Führungsstil ist gekennzeichnet durch die Konzentration der Entscheidungsbefugnis auf eine Person in der Gruppe bzw. auf eine oder wenige Personen in der Unternehmung. Der Vorgesetzte trifft sämtliche erforderlichen Entscheidungen ohne vorherige Information seiner Untergebenen, ohne Diskussion mit seinen Untergebenen und ohne Mitentscheidung seiner Untergebenen". Autoritärer und kooperativer Führungsstil wären demnach als Prägnanzstufen eines hypothetischen Kontinuums von extremer Zentralisation der Entscheidung zu gemeinsamer Entscheidung zu sehen: Alleinentscheidung ohne Information – Entscheidung nach Information/Diskussion mit Untergebenen – Gruppenentscheidung.

Die schriftliche Befragung von 194 Führungskräften in elf Unternehmen (Kaufhäuser, Metall- und Textilunternehmen mit mindestens 200 Belegschaftsmitgliedern) vorwiegend Nordrhein-Westfalens bezog sich konsequent auf das Verhalten von Vorgesetzten in Entscheidungsprozessen. Ausgewählt wurde jeweils eine hierarchische Linie aus den Unternehmungsbereichen Einkauf, Produktion, Verkauf, Administration. Bei der eigentlichen Erhebung geht er jedoch von den Prägnanzstufen seines theoretischen Kontinuums „autoritär–kooperativ" ab und definiert stattdessen fünf Arten des Entscheidungsverhaltens, die auch auf anderen Dimensionen liegen: Eigeninitiative, Unabhängigkeit von Vorgesetzten, Einfluß auf den Vorgesetzten, Zusammenarbeit mit dem Untergebenen, kollektive End-Entscheidung. So versucht er, den Einfluß der Bestimmungsgrößen ‚Lebensalter', ‚Betriebszugehörigkeit', ‚Positionsbesetzungsdauer', ‚Ausbildung' und ‚hierarchische Ebene' auf das Entscheidungsverhalten zu bestimmen und die Rolle unterschiedlicher Entscheidungsarten (Organisations-, Personal- und Budgetentscheidungen) sowie unterschiedlicher Industriebranchen und Trainingserfahrungen zu identifizieren. Als die wichtigeren Ergebnisse wären hier festzuhalten:

- ältere Unternehmensangehörige haben eine autoritärere Einstellung, höher ausgebildete eine kooperativere;
- die Eigeninitiative einer Führungskraft wächst mit dem Alter und der Betriebszugehörigkeit; „je höher die hierarchische Ebene, desto stärker ist die Unabhängigkeit vom Vorgesetzten; desto stärker ist die Zusammenarbeit mit den Untergebenen"; dasselbe gilt für den Grad der Ausbildung;
- das Entscheidungsverhalten hängt ab von der Art der Entscheidung; Personalentscheidungen werden autoritärer, ohne Mitwirkung der Betroffenen gefällt;
- Entscheidungsverhalten scheint branchenspezifisch geprägt zu sein: Kollektive Endentscheidungen sind in der Metallindustrie ausgeprägter als in der Kaufhausbranche;
- Vorgesetzte in oberen hierarchischen Ebenen tendieren zu mehr kooperativen Entscheidungsmustern als Vorgesetzte unterer Ebenen.

Schließlich sei nochmals auf die bereits erwähnte Briefbefragung von 538 Führungskräften aus 13 Unternehmen von Pross und Boetticher (1971) verwiesen. Auf die Frage „Wenn Sie das Stichwort ‚Delegation der Verantwortung' hören, wie reagieren Sie für sich selber darauf?" antworteten 83% mit positiver Einstellung. Eine gewisse Interpretationsschwierigkeit dürfte darauf zurückzuführen sein, daß die Befragten die Frage in zweierlei Richtungen verstanden haben könnten: Was halten Sie davon zu delegieren? oder wie finden Sie es, wenn man auf Sie Verantwortung delegiert? Insofern braucht es kein Widerspruch zu sein, wenn 88,9% auf die Frage nach der bevorzugten Entscheidungsweise für Alleinentscheidung nach Expertenbefragung plädieren und wenn 69,6% sich positiv zur Teamarbeit äußerten. Es könnte nämlich durchaus sein, daß die Alleinentscheidung nach vorheriger Expertenbefragung noch in das Verständnis deutscher Manager von Teamarbeit fällt. Dies würde durchaus auch dem in deutschen Managementkreisen verbreiteten Verständnis des „Harzburger Modells" (Höhn 1969) entsprechen, nach dem Mitarbeitergespräche und -besprechungen entschieden gefordert, die Verantwortung und Pflicht der letztlichen Entscheidung jedoch dem Vorgesetzten zugesprochen werden.

1.2.4 Resumé

Rein der Anzahl, aber auch ihrem Gewicht nach herrschen Untersuchungen zu sozialstrukturellen Aspekten des deutschen Managements vor. Karriere- und Rekrutierungsmuster, Mobilität und Ausbildungsstand der Führungskräfte stehen im Vordergrund. Trotz theoretischer Eingrenzungsprobleme des Untersuchungsgegenstandes, methodischer Unzulänglichkeiten und Verschiedenartigkeit der Erhebungsmasse ist mit Hilfe dieser Arbeiten ein einigermaßen abgerundetes Wissensbild entstanden. Eher unzulänglich sind unsere Kenntnisse vom tatsächlichen Führungsverhalten in deutschen Unternehmen. Wenige, verstreute Arbeiten über Führungsverhalten konzentrieren sich auf einseitige Beschreibungen des Vorgesetztenverhaltens durch Untergebene mehrerer hierarchischer Ebenen oder sie liefern über briefliche Befragung bei Managern Selbstdarstellungen von deren Führungsstil. Kaum einmal wird der Tatsache Rechnung getragen, daß Führungsstile nur zu verstehen sind als Interaktionsmuster zwischen Vorgesetzten und Untergebenen (Greiner 1973), die ihre Ausprägung in dieser zweiseitigen (diadischen) Beziehung finden und als solche erfaßt werden müssen.

1.3 Bezüge der Untersuchung

Das Verständnis von Führungsverhalten als interaktives Geschehen zwischen Vorgesetzten und Untergebenen impliziert, daß diese Interaktion immer auch als Verhalten unter Autoritäts- und Hierarchiebedingungen zu sehen ist. Es ist Interaktionsverhalten von Positionsinhabern auf wenigstens zwei verschiedenen hierarchischen Ebenen konkreter Unternehmen. Den Zusammenhang beider Aspekte – des Interaktionscharakters von Führungsverhalten und der konkreten situativen, organisationsspezifischen Einbindung von Führung – näher zu beleuchten, ist das Bemühen der vorliegenden Studie. Sie stellt dabei die Interaktion von Vorgesetzten und untergebenen Mitarbeitern bei Entscheidungen in den Mittelpunkt der Analyse und sucht die situativen Bedingungsstrukturen unterschiedlichen Führungsverhaltens zu erhellen.

1.3.1 Organisationstheoretischer Bezug

Damit ist eine weitere Prämisse gesetzt: die Untersuchung geht davon aus, daß es einen universell gültigen, einzig besten Führungsstil nicht gibt. Vielmehr wird angenommen, daß Führungsverhalten einer Reihe von situativen Parametern unterliegt und durch Besonderheiten der jeweils angetroffenen Organisationssituation mit beeinflußt wird, sowohl in dem Sinne, daß im einen Fall bestimmte Verhaltensweisen ermöglicht werden, im anderen Fall aber auch unmöglich gemacht werden (Heller und Wilpert 1977). Der für das tägliche Anlagengeschäft zuständige Investitionsfachmann findet gar nicht die Zeit zu ausführlichen Konsultationen mit Vorgesetzten oder unterstellten Mitarbeitern, er hat im Zweifel am Telefon zu entscheiden; er entscheidet autoritär, zentral. Eine komplexe Konstruktionsentscheidung kann andererseits auf vielfältige Kooperationsnotwendigkeiten gar nicht verzichten. Das Problem, das sich freilich hier auftut, muß als eines der wichtigsten Probleme gegenwärtiger Organisationslehre gesehen werden: wenn wir Vergleiche ziehen können zwischen Organisationen, ihrem Verhalten, ihren Strukturen, dem Verhalten ihrer Mitglieder, so bedeutet dies, daß offenbar nicht alle Organisationen aufgrund ihrer spezifischen Situation völlig unvergleichlich sind. Vielmehr bestehen offensichtlich trans-situative Strukturelemente, welche Vergleiche ermöglichen. Das weitgehend ungelöste Problem ist, was die Merkmale solcher trans-situativer Strukturelemente sind. Organisationssoziologie und -psychologie stehen hier ganz am Anfang. Es gilt, eine Taxonomie von Situationen zu entwickeln, die für das Verhalten in und von Organisationen relevant sind. In dem Maße, in dem es dieser Studie gelingt, Hinweise auf situative Strukturelemente zu geben, die für Führungs- und Entscheidungsverhalten von Belang sind, in dem Maße leistet sie damit auch einen Beitrag zu diesem zentralen organisationstheoretischen Problem[3]. Es kann allerdings nicht die Lösung des Problems erwartet, sondern der Beitrag kann allenfalls in ersten explorativen Bemühungen gesehen werden.

1.3.2 Berufs- und arbeitspsychologischer Bezug

An der Untersuchung wirkten über 300 Führungskräfte westdeutscher und Berliner Unternehmen mit. Die Unternehmen gehörten fast durchwegs zu

[3] Vergleiche zu dem Problem der methodischen Erfassung von Führungsverhalten in situativer Bedingtheit: Bartölke und Nieder 1975

den größten ihrer Branche. Die teilnehmenden Manager rekrutierten sich aus der Ebene unterhalb des Vorstandes bzw. der Geschäftsleitung und ihren formellen Stellvertretern oder engsten unterstellten Mitarbeitern. Damit ist selbstverständlich keine Repräsentanz des deutschen Managements gegeben. Immerhin ist damit aber doch eine Gruppe von Managern erfolgreicher Industrieunternehmen erfaßt, die für die Umsetzung geschäftspolitischer Zielvorgaben in das geschäftliche Alltagsgeschehen von kritischer Bedeutung ist. Aus Sicht der Berufs- und Arbeitspsychologie sollte es von besonderem Interesse sein, wichtige Tätigkeitsmerkmale einer solchen Gruppe zu erfassen, die nach Auffassung mancher Sozialwissenschaftler auf dem Weg zu einem eigenen Beruf ist (Daheim 1967), dem Beruf des Managers.

1.3.3 Sozialpsychologischer Bezug

Das besondere diadische Auswahlverfahren der teilnehmenden Manager (möglichst immer sämtliche Angehörige der Ebene unterhalb der Unternehmungsleitung sowie die Stellvertreter/engsten Mitarbeiter dieser Ebene) sollte es in besonderem Maße ermöglichen, Selbst- und Fremdwahrnehmung des Führungsverhaltens gegenüberzustellen. Obwohl auch damit die Frage nicht beantwortet wird, ob die Aussagen der beiden Ebenen im Fall der Übereinstimmung der „Wirklichkeit" entsprechen oder welche Ebene „Recht hat", wenn ihre Aussagen von einander abweichen, so bilden die Aussagen beider Ebenen zusammen doch einen wichtigen Teil der sozial wahrgenommenen Wirklichkeit ab: die wahrgenommene Wirklichkeit beider Partner. Daneben wurde versucht, einen zusätzlichen Faktor der Realitätssicherung einzubringen, indem mit Hilfe der „Gruppen-Feedback-Analyse" (Heller 1969) Erhebungsdaten umgehend anonym an die teilnehmenden Manager eines Unternehmens rückgekoppelt und von den Teilnehmern gemeinsam diskutiert und interpretiert wurden. Damit sollten die erhobenen Daten auf die jeweils gegebene Unternehmenssituation bezogen werden und von den Teilnehmern selbst eine erste erläuternde Einordnung erhalten. Das Vorgehen stellt so den Versuch dar, schon im Ansatz der Datengewinnung dem sozialpsychologischen, interaktionistischen Führungsverständnis in seiner Situationsbezogenheit gerecht zu werden.

1.3.4 Gesellschaftspolitischer Bezug

Die gegenwärtige Diskussion um Formen der Mitbestimmung und Humanisierung der Arbeitswelt hat wohl tiefliegende gesellschaftliche Ursachen, die zu einer Veränderung von Wertpräferenzordnungen und in ihrem Gefolge zur Infragestellung überkommener Machtstrukturen, Autoritäten und Ordnungsprinzipien führte. Technologische Entwicklung, gepaart mit fortschreitender beruflicher und fachlicher Qualifizierung der Arbeitnehmer, haben eine Bewußtseinsentwicklung bewirkt, welche die Forderung auf größere Mitsprache- und Selbstverwirklichungsmöglichkeiten und damit nach einem neuen Führungsstil auch in der Berufs- und Arbeitswelt entstehen ließen. Wie aus einer Befragung von 195 Top-Managern aus einer Auswahl der 400 größten Unternehmen der Bundesrepublik Deutschland hervorgeht (Dierkes und Unger 1975), halten 74% es für wahrscheinlich, daß „der Autoritätszerfall in allen Bereichen der Gesellschaft die Unternehmen künftig zu Konsequenzen zwingen wird; in der Folge wird das mittlere Management in gleichem Maße den ‚Untergebenen' wie der Geschäftsleitung verantwortlich sein". Das gesellschaftspolitische Korrelat dieser Entwicklungen sind einmal die Anzeichen einer Selbstbesinnung in den Sozialwissenschaften (Fürstenberg 1973, Staehle 1975c) und zum andern die Überlegungen und Vorschläge von Parteien, Kirchen und Sozialpartnern, die letztlich Gesetzgebungsmaßnahmen und Regierungsprogramme zur Mitbestimmung beeinflussen. Da es sich hierbei um einen internationalen Trend handelt, der alle Industrienationen erfaßt hat, dürfte er epochale Züge tragen. Alle in diesem Zusammenhang stehenden konkreten legislativen Akten ist nun eine Grundprämisse gemeinsam: es wird angenommen, daß ein gezielter sozialer Wandel extern durch normative Regelung innerbetrieblicher Kooperationsformen eingeleitet werden kann. Aufgrund bisheriger Erfahrungen mit dem Regelsystem der deutschen Mitbestimmung muß man annehmen, daß nicht sämtliche gesetzlich intendierten Wirkungen eintreten, sondern vielmehr eine Reihe dysfunktionaler Folgen gezeitigt wird (Wilpert 1975). Insofern dürfte es nicht unwichtig sein, sozusagen die „natürliche Offenheit" industrieller Systeme für die Praktizierung neuer Führungs- und Kooperationsformen zu studieren, und zwar durch die Identifikation von Bedingungen, unter denen sie zwischen verschiedenen Hierarchieebenen auch in Abwesenheit spezifischer Regelungen bereits gepflegt werden. Es ist dies die Frage nach dem „natürlichen" Partizipationspotential in Unternehmungen.

1.3.5 Praxeologische Bezüge

Die Vielzahl von Handlungsanweisungen, Führungstechniken und Organisationsregeln, die nicht ohne gewissen Plausibilitäts-Appeal dem Praktiker im Organisationsmanagement verschrieben wurden, mußte früher oder später zu Enttäuschungen führen. „Kooperative Führungsversuche: Lauter Neubauruinen?“ fragt W. Knaup in PLUS (Mai 1973). Eine wesentliche Ursache der Frustrationen dürfte im Mangel wissenschaftlicher Absicherung mancher globaler Rezepte gelegen haben. Viele Konzepte wurden vermarktet, ohne daß die empirischen Grundlagen für ihre axiomatischen Sätze überprüft worden wären. Die Forschungs- und Wissenslücke gerade im Bereich des Führungsverhaltens deutscher Manager ist Merkmal dieser Situation. So ist es ein Anliegen der vorliegenden Studie, diese Lücke verringern zu helfen.

1.4 Aufbau des Buches

Kapitel 2 bezeichnet das theoretische Umfeld, in dem die vorliegende Arbeit angesiedelt ist: dem Situations- oder Kontingenzansatz der Organisationstheorie, der einerseits aus der Systemtheorie entwickelt wurde, andererseits eine verblüffende Ähnlichkeit zur Feldtheorie Lewins aufweist. Als Beispiele situationsrelevanter Dimensionen mit Einfluß auf das Verhalten in und von Organisationen werden die Umwelt der Organisation, ihre Technologie, ihr Arbeitsgebiet (Domäne) und Strategie sowie Führung in Organisationen abgehandelt. Allgemeine Formulierungen des Kontingenzansatzes, die für die Probleme der vorliegenden Untersuchung präzisiert sind, leiten über zum Kapitel 3, welches die allgemeine Fragestellung und die elf spezifischen Hypothesen der Untersuchung darstellt.

Kapitel 4 referiert die methodologischen Vorgehensweisen der Untersuchung bei der Auswahl von Firmen und Führungskräften und beleuchtet die Zugangsprobleme zu Wirtschaftsunternehmen bei wissenschaftlichen Erhebungen. Eine ausführliche Beschreibung der Datenerhebungsmethode (Gruppen-Feedback-Analyse), der untersuchten Variablen und Erhebungsinstrumente folgt danach. Eine kurze Darstellung der Gütebelege für die Erhebungsinstrumente beschließt Kapitel 6. Die Befunde der Erhebungen werden in den Kapiteln 5 und 6 dargestellt, wobei Kapitel 5 auf die Durchschnittsergebnisse bei einzelnen Variablen und Kapitel 6 auf ihre hypothetisch geforderte Interdependenz abheben. Kapitel 7 faßt die Befunde der

Untersuchung noch einmal zusammen, ordnet sie anderen Forschungsergebnissen zu und versucht, ihre Implikationen für theoretische, praktische und forschungspolitische Fragen aufzuzeigen.

2. Zur Kontingenztheorie der Organisation

2.1 Ursprung des Kontingenzansatzes

Immer mehr beginnt man in der Organisationstheorie und Betriebswirtschaftslehre (Staehle 1975 b) sich komplexeren Betrachtungsweisen zuzuwenden. Anstatt die einseitige Abhängigkeit eines Merkmals von einem anderen, verursachenden zu erklären, sieht man sich gezwungen, das Zusammenspiel vieler Faktoren in ihren Wirkungen zu berücksichtigen. Die Frage, wie sich ein Führungsstil des Vorgesetzten auf die Zufriedenheit der Mitarbeiter auswirkt, wird als zu eindimensional empfunden. So fragt man nun, wie ein bestimmter Führungsstil unter verschiedenen Bedingungen die Zufriedenheit der Mitarbeiter beeinflußt. Es ist ein Schritt in Richtung relativistischer Bescheidenheit. Dabei betrachtet man besondere Organisationsstrukturen, Aufgabenstellungen, Persönlichkeitsmerkmale und Umweltbedingungen gleichzeitig. Hollander (1971) hat es auf den Nenner gebracht: Stil, Struktur und „setting" müssen in ihrer jeweils unterschiedlichen Konfiguration und Wirkungsweise erfaßt werden. Es geht dabei vor allem um die Überprüfung funktionaler Äquivalenz verschiedener Bedingungsgrößen im Hinblick auf eine bestimmte Fragestellung (Luhmann 1971). Derartige Betrachtungsweisen und methodische Ansätze werden gemeinhin unter dem Namen ‚Kontingenztheorie' zusammengefaßt. Im folgenden sollen ihre systemtheoretischen Ursprünge aufgezeigt, ihre hauptsächlichen Merkmale und Postulate herausgearbeitet, an einigen Beispielen erläutert und kritisiert und für unsere Untersuchung fruchtbar gemacht werden.

Die allgemeine Systemtheorie hat in weiten Teilen der Sozialwissenschaften – ähnlich wie vor ihr die Gestalttheorie in der Psychologie – das wissenschaftliche Interesse auf die Bedeutung von Ganzheiten, von Systemen gelenkt. Systeme sind danach Gebilde, deren Teile in wechselseitiger funktionaler Beziehung stehen und in der Transformation von Inputs in Outputs eine relativ stabile Einheit bilden (Laszlo et al. 1974). Als „geschlossene Systeme" werden Einheiten betrachtet, die ohne Austausch und Wechselbeziehungen mit ihrer Umwelt ein stationäres Gleichgewicht aufrechterhalten. In der Betrachtung lebender Organismen stellte sich jedoch bald heraus, daß auf mechanistischen Grundvorstellungen beruhende Erklärungsmodelle nicht ausreichten. Lebewesen können nicht als geschlossene, von ihrer Umwelt relativ unabhängige Systeme betrachtet werden. Die ständige Zufuhr und Abgabe von Energie und die dadurch bedingte permanente Veränderung ihrer Teile weisen sie als „offene Systeme" aus. Ohne diesen Begriff direkt zu verwenden, impliziert ihn bereits Köhler (1938) in seiner Deutung von Lebewesen als „Teilen eines größeren funktionalen Kontexts". L. von Bertalanffy (1950) hat die Unterscheidung von geschlossenen und offenen Systemen für die analytische Betrachtung lebender und physikalischer Systeme schließlich entscheidend fruchtbar gemacht.

In der Analyse von Organisationen führte die bahnbrechende Arbeit von Trist und Bamforth (1951) über die Wirkungen unterschiedlicher Arbeitsorganisation im Untertage-Bergbau der Kohlenförderung konsequent zum sozio-technischen Systemansatz. Im Kern dieses Ansatzes steht die Erkenntnis, daß Sozialsysteme (Arbeitsgruppen, Organisationen) und technische Systeme je unterschiedlichen Gestaltungsprinzipien unterliegen. Es kommt jedoch darauf an, im Hinblick auf ein angestrebtes Systemziel optimale Zuordnungen zu finden. Aus der allgemeinen Systemtheorie und ihrem Prinzip der Äquifinalität (Katz und Kahn 1966) folgt, daß ein System nicht notwendigerweise nur *eine* optimale Zuordnung seiner Teile finden kann, sondern daß derselbe Endzustand von verschiedenen Ausgangssituationen über unterschiedliche Wege erreicht werden kann.

Das Sozialsystem wird hier verstanden als die besonderen Beziehungszusammenhänge seiner Subsysteme – der Mitglieder einer Gruppe, einer Organisation. Diese Zusammenhänge sind bestimmt durch die phänomenale Welt – die Lebenswelt (Brand 1972) oder den Lebensraum (Lewin 1963) –, die den Mitgliedern eines Sozialsystems gemeinsam ist. Teile dieser phänomenalen Welt sind Aufgabenwahrnehmung, Werthaltungen, Einstellungen, Erwartungen, Emotionen, individuelle Besonderheiten und alle Faktoren, die das Verhalten des Systems und seiner Teile beeinflussen.

In der Betrachtung des technischen Systems tut sich nun ein gewichtiges erkenntnis-theoretisches Problem auf: einerseits ist es dadurch, daß es wahrgenommen und beschrieben wird, Teil der phänomenalen Welt, andererseits besteht es offensichtlich auch „objektiv", außerhalb und unabhängig von ihr. Außerdem ist das technische System nicht nur als ein physisches Arrangement etwa i. S. eines Maschinenparks zu sehen, sondern beinhaltet in unterschiedlichen Gewichten auch begriffliche und soziale Teile. So weit gefaßt, ist das technische System der zentrale Mechanismus eines Systems in seiner Umwandlung von Inputs in Outputs:

die Logik beim Lösen einer Denkaufgabe stünde hier als Beispiel eines begrifflichen „technischen“ Systems; didaktisch gemeinte Sanktionen und Anreize als soziale Elemente des „technischen“ Systems Strafvollzug; physikalische Gesetzmäßigkeiten in ihrer raum-zeitlichen Zuordnung bei der Güterproduktion als Beispiel der technischen Elemente „technischer“ Systeme.

Auf den hier aufgeworfenen erkenntnis-theoretischen Problemkreis soll nicht weiter eingegangen werden. Es muß jedoch festgehalten werden, daß die „objektive“ technische Welt immer nur phänomenal vermittelt ins Bewußtsein tritt: als „quasi-technische“ (Lewin 1935). Damit stellt sich das Problem der Konkordanz von Sozial- und technischem System: Es ist die Frage nach der Vereinbarkeit (Kompatibilität) der Eigenschaften beider Systeme allgemein; im Hinblick auf den angestrebten Output ist es besonders die Frage nach der bestmöglichen Paßform (optimal match). Es ist die Grundhypothese des sozio-technischen Systemansatzes, daß eine unzulängliche Übereinstimmung beider Systeme zu Reibungs- und Effizienzverlusten führen muß und eine höhere Leistung des Gesamtsystems nur über eine Verbesserung der Konkordanz von technischem und Sozialsystem zu erreichen ist, d. h. je nach Lage der Dinge über die Veränderung des einen oder anderen oder beider Systeme. Negandhi (1974) hat diesen Ansatz konsequent auf Organisationen angewandt, die er in ihrer Umwelteinbettung und -abhängigkeit als offene sozio-technische Systeme versteht.

Während die Frage nach der optimalen Zuordnung der beiden Systeme typischerweise dem Problemkreis des Organisations-Designs oder der Organisationsentwicklung (organizational development) zuzuordnen wäre, stellt sich aus Sicht der Organisations-*Analyse* mehr die Frage, wie bestimmte Prozesse oder Merkmale einer Organisation in ihrer Abhängigkeit von anderen Faktoren zu verstehen seien. „Die Abhängigkeit eines Ergebnisses von einer Mehrzahl von Einflußgrößen ist das gemeinsame zentrale Thema der sog. Kontingenztheorien“ (Neuberger 1973). Konstellationen von Einflußgrößen werden in diesen Theorieansätzen nun zusammengefaßt unter umfassenderen Kategorien wie Umwelt, Ökologie, Milieu, Kultur, Atmosphäre, Situation, Feld, Klima, Lage. Im Vergleich zu vielen weitgehend willkürlichen Begriffsinterpolationen definiert Tagiuri (1968) den Begriff des Klimas etwas präziser als einer „relativ stabilen Qualität der internen Umwelt einer Organisation, die (a) von ihren Mitgliedern erlebt wird, (b) ihr Verhalten beeinflußt und (c) mit Hilfe der Werte bestimmter Merkmale (Attribute) der Organisation beschreibbar ist“ und begründet so seinen heuristischen Wert in der Organisationsanalyse. ‚Konstellation' bzw. ‚Situation' scheinen uns dennoch angemessenere Oberbegriffe zu sein, da sie die unter systemtheoretischen Gesichtspunkten bestehenden Austauschbeziehungen von „äußerer" Umwelt und Sozialsystem deutlich werden lassen und nicht nur die interne Umwelt meinen.

Damit haben wir jedoch nur eine begriffliche Problemverschiebung vorgenommen, denn die Frage bleibt: Was sind die relevanten Merkmale einer Situation? Neuberger (1973) hat in der Diskussion dieser Problematik darauf hingewiesen, daß zahlreiche Autoren im Versuch, die molare Kategorie „Situation" aufzulösen, in ihrer Komplexitätsreduktion so weit gehen, nur einen vermutlichen „Hauptfaktor" anzunehmen – etwa die Führerpersönlichkeit. Zusätzliche Konstanzannahmen („unter sonst gleichen Bedingungen") verschleiern dann oft die eigene Unkenntnis der tatsächlichen Wirkungen. Die lobenswerte und legitime Absicht, über Modellkonstruktionen differenzierend Einzelaspekte der Situation herauszugreifen und im Hinblick auf ihre Erklärungsrelevanz empirisch zu überprüfen, stößt jedoch bald auf eine theoretische Aporie: Kontingenz„theorien" sind bislang allenfalls Programme mit heuristischem Wert, die konsequente Ableitung relevanter Variablen aus theoretischen Axiomen gestatten sie (noch) nicht.

Es besteht nun freilich kein Anlaß, die heuristischen Möglichkeiten eines solchen Ansatzes ungenutzt zu lassen. „. . . Organisationen sind lebende Systeme und sollten entsprechend analysiert werden. Die Tatsache, daß uns dies die Aufgabe stellt, ungemein komplexe Umweltinteraktionen zu analysieren, gibt uns keinesfalls eine bessere Ausrede für die begriffliche Isolation von Organisationen als sie der sprichwörtliche Betrunkene hatte, der seine verlorene Uhr unter der Straßenlampe suchte, weil es da hell erleuchtet war, obwohl er sie in der dunklen Seitengasse verloren wußte" (Emery 1969). Es geht also um die Identifikation relevanter und empirisch belegter Kontingenzfaktoren, d. h. wichtiger situativer, die Varianz von Organisationsphänomenen erklärender Bedingungen. Dies ist grundsätzlich ein anderes Verständnis von Kontingenz als „ein mehr oder weniger unerwartetes Geschehen, das vom Individuum als wichtig beurteilt wird und von ihm besondere Maßnahmen verlangt, um sich mit dieser Situation zu befassen" (Docherty 1972). Es hat auch nichts mit dem Begriff der „Kontingenz-Tabellen" im Sinne von Zwei-Weg-Klassifikationen in der statistischen Testtheorie zu tun.

Die Ursache dafür, daß eine umfassende Kontingenztheorie noch nicht entwickelt werden konnte, liegt vermutlich auch darin, daß es dem vereinten Bemühen aller sich mit Organisationsverhalten befassenden Sozialwissenschaften bisher nicht gelang, sich auf die relevanten Bestimmungsgrößen von „Situationen“ zu einigen. Was fehlt, ist eine überzeugende Taxonomie von Situationen. Die meisten theoretischen Arbeiten gehen nach wie vor an diesem Kernproblem vorbei. So sind alle situationstheoretischen Forschungsansätze darauf angewiesen, mehr oder weniger intuitiv und unter Verweis auf vergleichbare Literaturquellen bestimmte Variablenkomplexe herauszugreifen und sie heuristisch zu relevanten zu erklären. Die Darstellung solcher Variablenkomplexe kann also nie vollständig sein. Im folgenden soll am Beispiel bestimmter Variablen aus Organisationsumwelt, Organisationstechnologie, Organisationsdomäne und der Führung in Organisationen der heuristische Wert des Kontingenzansatzes dargestellt werden. Diese Situationsfaktoren wurden nicht zuletzt deshalb gewählt, weil sie einen gewissen Ausgangspunkt und Bezugsrahmen für die empirischen Erhebungen unserer Untersuchung abgeben (s. Kapitel 3 bis 6).

2.2 Umwelt der Organisation

Die Suche nach organisations-relevanten Umweltbedingungen impliziert zweierlei:

(1) Die grundsätzliche Möglichkeit, das Verhältnis von Organisationen und ihrer Umwelt in dichotomischen Kategorien von „innen“ und „außen“ zu beschreiben; oder anders: es müssen eindeutige Grenzen von Organisationen identifizierbar sein.

(2) Wiederum die Möglichkeit der Unterscheidung „relevanter“ und „irrelevanter“ Bedingungen.

Starbuck (1976) hat Organisationen mit Wolken oder Magnetfeldern verglichen. Wenn man ganz drinnen ist, weiß man dies ebenso, wie man es weiß, wenn man sich weit außerhalb befindet: Man erkennt es an ihren Wirkungen und Merkmalen. Sobald man sich aber ihrer Grenze nähert, verwandeln sie sich in wenig eindeutige Regionen gradueller Veränderungen, die von einem weitgehend undefinierbaren Zentrum weit in die Umwelt hineinreichen.

Ähnliches, unser Problem zusätzlich komplizierend, betrifft die Dimension ‚Relevanz‘. Zum einen wird Umweltrelevanz davon abhängen, welche Umweltsegmente (Domänen, Nischen) eine Organisation als ihr wesentliches Betätigungsfeld wählt. Zweitens werden verschiedene Organisationsmitglieder vermutlich unterschiedliche Umweltelemente als für ihre Arbeit relevant ansehen. Und schließlich wird der Organisationswissenschaftler aufgrund seines theoretischen Vorverständnisses verschiedene Fragestellungen formulieren und entsprechend unterschiedliche Phänomene berücksichtigen. Aufgrund dieser dreifachen Relativierung der Wahrnehmung dürfte die wissenschaftliche Befassung mit dem Thema der Organisation-Umwelt-Interaktion auch so vielfältig ausgefallen sein (Miles et al. 1974).

In der Betrachtung von Organisationen als offenen Systemen stellten Emery und Trist (1965) fest, daß zwar die Analyse der Austauschbeziehungen zwischen System und Umwelt, nicht aber die Änderungsprozesse in der Umwelt selbst möglich schienen. Gerade die Veränderungen in der Umwelt beeinflussen ihrerseits jedoch den Charakter der System-Umweltbeziehungen maßgeblich. Sie fordern daher für das Verständnis von Organisationsverhalten auch die systematische Erfassung sämtlicher möglicherweise gesetzmäßigen (lawful – L) Beziehungen und Beziehungsrichtungen zwischen und innerhalb von System (1) und Umwelt (2):

L 11, L 12
L 21, L 22

L 22 wären hiernach die Beziehungen von Teilen der Umwelt untereinander. Sie benützen die Dimension „Grad der Verbundenheit" und „Grad des Umweltwandels", um vier idealtypische Umwelten von Organisationen zu entwickeln (s. auch Staehle 1973):

(1) Ruhige Umwelt mit niedrigem Grad der Verbundenheit von Teilen der Umwelt (placid, randomized).
(2) Ruhige Umwelt mit relativ hohem Verbundenheitsgrad der Einzelteile (placid, clustered).
(3) Unruhig-reaktive Umwelt mit hohem Verbundenheitsgrad der Einzelteile (disturbed-reactive), vergleichbar mit einer oligopolistischen Marktsituation.
(4) Turbulente Umwelt mit komplexem und multiplem Verbundenheitsgrad der Teile der gesamten Umwelt.

Auf der Basis dieser idealtypischen Umwelten vermuten sie entsprechende, auf die jeweilige Umwelt abgestimmte Verhaltensweisen von Organisationen: unterschiedliche taktische und strategische Anpassungsstile, unterschiedliche interne Formen der Kontrolle und Koordination: Je unruhiger die Umwelt, desto dezentraler die Kontrolle und desto dezentraler, mitarbeiterbezogen der Führungsstil.

Wandel und Stabilität, Turbulenz und Ruhe, Kontinuität und Diskontinuität, Unvorhersagbarkeit und Berechenbarkeit der Ereignisse in der Umwelt sind Kategorien derselben polar verstandenen Umweltdimension. Auf diesem polaren Gegensatz beruht auch die von Burns und Stalker (1961, 119ff.) entwickelte Idealtypologie „mechanistischer" und „organischer" Führungs- und Organisationsformen. Nach ihrer Auffassung entspricht ein mechanistisches System (in etwa Webers Idealtypus der Bürokratie, s. Hall 1963) einer stabilen und ein organisches System (flexibles, interaktives, lateral kommunikatives Organisationsgebilde) einer sich wandelnden Umwelt, als deren wichtigste Aspekte der Markt und die wissenschaftlich-technologische Entwicklung gesehen werden.

Ein ähnliches Konsistenzmodell einer „adäquaten" Zuordnung von Umweltsituation und Organisationsmerkmalen entwickeln Lawrence und Lorsch (1967). Wichtig ist für sie der Begriff Differenzierung sowohl der Umwelt (z. B. Markt, Konsumenten, Arbeitsmarkt, Lieferanten, öffentliche Meinung) als auch der Organisation („Unterschiede in der kognitiven und emotionalen Orientierung unter Managern verschiedener funktionaler Abteilungen", S. 11). Sie lösen sich damit von einer globalen Betrachtungsweise des Umwelt-Organisationsproblems und untersuchen die Zusammenhänge zwischen möglicherweise heterogenen Umweltsegmenten und Subsystemen einer Organisation. Zehn Unternehmen der Plastik-, Container- und Lebensmittelindustrie wurden ausgewählt und 30 bis 50 Führungskräfte des oberen und mittleren Managements je Unternehmen zu Umweltanforderungen und individuellen Orientierung (Arbeitsstil, Zeit und Zielorientierung) bzw. Formalisierungsgrad der Organisation befragt. Die wesentlichen Umweltdimensionen waren dabei

- Wandel der technischen und Marktbedingungen während der letzten 10 Jahre
- „Umweltsicherheit" der Funktionen Forschung, Produktion, Marketing im Hinblick auf Klarheit und Schwierigkeitsgrad der Arbeitsanforderungen und Dauer der Rückkopplung über den Arbeitserfolg.

Es handelte sich dabei also ausschließlich um Aspekte der von den Organisationsmitgliedern erlebten Interaktion von Organisation und Umwelt, die von den Autoren zu einem Index der Umweltsicherheit zusammengefaßt werden. Sind Umweltsegmente überwiegend sicher oder unsicher, so wird die Umwelt als gleichartig, sind die Segmente teils unsicher, teils sicher, so wird sie als ungleichartig angesehen. Lawrence und Lorsch mutmaßen aufgrund ihrer Ergebnisse, daß die Entsprechung von organisationsinternen Bedingungen und Prozessen zu Umweltanforderungen darüber entscheidet, wie wirkungsvoll eine Organisation sich mit ihrer Umwelt auseinandersetzt. Starbucks (1976) Hinweis, daß es sich bei einer derartigen Analyse weniger um Umwelt- als um Wahrnehmungsmerkmale der Organisationsmitglieder und damit eigentlich um Organisationsmerkmale handelt, ist sicher nicht unbegründet. Andererseits werden wir hier wieder auf das oben erörterte erkenntnistheoretische Problem der objektiven und subjektiven Situation verwiesen. Miles et al. (1974) machen außerdem darauf aufmerksam, daß es unzulässig ist, die Rate des Wandels in der Umwelt mit dem Grad der Unsicherheit (unvorhersagbarer Wandel) gleichzusetzen. Es sind durchaus Situationen denkbar, in denen die Umwelt einen schnellen, aber sicher abschätzbaren Wandel durchläuft.

Duncan (1972) führt durch seine Fassung des Umweltbegriffs und die daran anknüpfende Operationalisierung des Begriffes entscheidende Schritte weiter. Für ihn ist Umwelt „die Gesamtheit physischer und sozialer Faktoren, die direkt im Entscheidungsverhalten von Individuen in der Organisation berücksichtigt werden". Durch diese allgemeine Formulierung fallen auch Aspekte innerhalb der Organisationsgrenzen unter den Umweltbegriff. Konsequent unterscheidet er daher zwischen einer „internen Umwelt", bestehend „aus jenen relevanten physischen und sozialen Faktoren innerhalb der Organisationsgrenzen", die bei der Entscheidungsfindung in Betracht gezogen werden, und einer „externen Umwelt": relevante Faktoren außerhalb der Systemgrenzen. Von den beiden Meßdimensionen der Umwelt: einfach-komplex (Zahl der in Entscheidungen berücksichtigten Faktoren) und statisch-dynamisch (Grad der Veränderung der Faktoren in der Zeiteinheit) scheint die Veränderungsdimension wichtiger zu sein als die Dimension einfach-komplex: der Grad der Umweltunsicherheit steigt mehr mit zunehmendem Wandel als mit zunehmender Komplexität. Insgesamt führt Duncan mit seiner Betrachtung auch organisationsinterner Faktoren als möglichen Umweltdimensionen über das Umweltverständnis aller Ansätze hinaus, die eindeutige Grenzen zwischen System und Umwelt voraussetzen.

2.3 Technologie

Nach dem Prinzip der Äquifinalität sozio-technischer Systeme ist es grundsätzlich möglich, sowohl das Sozial- als auch das technische System zu variieren, um dasselbe Ziel, denselben Endzustand zu erreichen. Technologische ebenso wie soziale Faktoren konstituieren jedoch entscheidende Grenzbedingungen für das Gesamtsystem, sofern die Anforderungen der Umwelt ihre jeweiligen Toleranzgrenzen überschreiten. Daher lag es nahe zu fragen, inwiefern technologische Aspekte und ab wann soziale Faktoren sozusagen als Konstanten oder Grenzbedingungen des offenen Systems Organisation (Emery und Trist 1960) zu betrachten sind. Während die soziale Seite des Problems unter Berücksichtigung der Organisationsaspekte der Arbeit bisher allenfalls am Rande der Arbeitswissenschaften behandelt wurde[1], hat sich die Organisationsanalyse ausgiebig mit dieser Frage befaßt.

In allgemeiner Form kann Technologie verstanden werden als „die Kombination von Fertigkeiten, Ausrüstung und relevantem technischen Wissen, die benötigt werden, um beabsichtigte Umwandlungen in Materialien, Informationen oder Menschen hervorzubringen" (Miles et al., 1974). Diese Definition hat Gültigkeit für Produktions- ebenso wie für Service- oder Handelsbetriebe. Woodwards in den frühen Fünfzigerjahren begonnene Studien (1965) über die Zusammenhänge von Technologie und Organisationsstruktur in 100 Firmen Südenglands zeigten bereits die Schwierigkeit, Technologie zu definieren und zu messen, obwohl sie sich in ihrer Firmenauswahl von vornherein auf Produktionsbetriebe beschränkte. Ihre elf Klassen der empirisch gefundenen Fertigungsverfahren fallen im wesentlichen in drei Hauptkategorien:

(1) Einzel- und Kleinserienfertigung
(Spezielle Auftragsfertigung, Prototypenproduktion, stufenweise Fertigung großer Maschinen, Kleinserienfertigung auf Kundenauftragsbasis)
(2) Großserien- und Massenfertigung
(Großserienfertigung, Großserienfertigung an Förderbändern, Massenfertigung)
(3) Prozeßfertigung
(Chemieprodukte in Vielzweckproduktionsstätten, Flußproduktion von Flüssigkeiten, Gasen und kristallinen Substanzen).

Daneben beschreibt Woodward noch zwei Kategorien kombinierter Fertigungsverfahren: Großserien-Produktion standardisierter Teile mit anschließender variabler Zusammenstellung und Prozeßfertigung kristalliner

[1] In neuerer Zeit ist diese Frage allerdings unter den Themen „Humanisierung der Arbeitswelt" und „Qualität des Arbeitslebens" wieder intensiver in das Bewußtsein der Öffentlichkeit und ins Zentrum wissenschaftlicher Auseinandersetzung gekommen (Bunz et al., 1974, Taylor et al.).

Substanzen mit anschließender Aufbereitung durch standardisierte Produktionsverfahren.

Im Grunde folgt dieses Klassifikationsschema einem skalaren Ordnungsprinzip, das Fertigungsverfahren nach dem Grad technischer Komplexität und differenzierter Manipulierbarkeit der Produkte kategorisiert. Die drei Gruppen setzen unterschiedliche Rahmenbedingungen für die Kontrollierbarkeit des Endproduktes, für die Qualität und Quantität der Produktionsfaktoren Arbeit und Kapital (Maschinen) und unterschiedliche Produktionszyklen: die Einzelfertigung beginnt mit einem Kundenauftrag, und das fertiggestellte Produkt geht an den Auftraggeber; die Massen- und Flußproduktion unterliegt langfristigen Forschungs- und Entwicklungsarbeiten und orientiert sich an Marketing-Notwendigkeiten. Damit werden auch jeweils unterschiedliche situative Anforderungen für Planung, Kontrolle und Führung eines Unternehmens gesetzt.

Umfassender als Woodward, aber ohne systematisch-theoretischen Anspruch unterscheidet Thompson (1967) drei Arten der Technologie:

(1) Weit-verbundene (long-linked) Technologien

„Eine weit-verbundene Technologie impliziert eine serielle gegenseitige Abhängigkeit in dem Sinne, daß eine Handlung Z nur nach einer erfolgreichen Beendigung der Handlung Y möglich ist, die ihrerseits wieder auf der Handlung X beruht, usw.“. Das Musterbeispiel ist die Förderbandproduktion, die ständige Wiederholung der Arbeitsvorgänge erlaubt korrigierende Verbesserungen und Standardisierung des gesamten Produktionsprozesses.

(2) Vermittelnde (mediating) Technologien

Als Beispiele dienen Serviceorganisationen wie Banken, Versicherungen, Post, Arbeitsämter, deren wesentliche Funktion es ist, Klienten miteinander in Kontakt zu bringen. Weitgehende Standardisierung der Verfahren und Einheit der Handlungskriterien erhalten hier eine besondere Bedeutung.

(3) Intensive Technologien

„. . . intensiv bedeutet, daß eine Vielfalt von Techniken angewandt wird, um eine Änderung in einem spezifischen Objekt zu erreichen; aber die Auswahl, Kombination und Anwendungsfolge wird durch Rückkopplung vom Objekt selbst bestimmt“. Maßgeschneiderte Dienstleistungen (Therapie, Hausbau, Forschung und Entwicklung) sind Prototypen dieser Technologien.

Thompsons Technologieverständnis umfaßt also auch nichtindustrielle Organisationen. Der Ordnungsgesichtspunkt ist hier die relative Kontrollierbarkeit des Transformationsprozesses: sie ist am größten bei der weitverbundenen Technologie, sie wird aufgelockert durch die unterschiedlichen Ansprüche und Bedürfnisse der Klienten bei der vermittelnden Technologie und ist bei der intensiven Technologie völlig abhängig vom jeweiligen Objekt und damit weitgehend unberechenbar. Das „Abschalten" (seal-off) ihrer zentralen Technologie von der Unberechenbarkeit der Umwelteinflüsse wird so zum Kernproblem jeder Organisation.

Für Perrow (1967, 1970) sind zwei Dimensionen der Technologie von zentaler Bedeutung:

(1) Die Zahl außergewöhnlicher Fälle im Verlauf des Arbeitsprozesses – die Häufigkeit von Nicht-Routinefällen.

(2) Die Art des Such- und Problemlöseprozesses, den ein Individuum zu durchlaufen hat, wenn Ausnahmefälle auftreten. Die Endpole dieser Dimension sind
   - logisch-analytische Problemlösungsversuche und
   - intuitive oder auf individueller Erfahrung beruhende Suchprozesse.

Die wesentlichen Technologie-Varianten lassen sich damit in Quadranten einordnen (Tab. 2–1).

Nach Perrow hängen die voraussichtlichen Organisationsmerkmale davon ab, ob die Technologie im Hinblick auf Produkt- und Umweltanforderungen routinisierbar ist oder nicht. Ist sie routinisierbar, d. h. die besonderen Eigenschaften der Rohmaterialien und der Marktanforderungen sind hinlänglich bekannt und logisch analysierbar, so legt diese Situation eine ‚mechanistische' (Burns und Stalker 1961), bürokratische Organisationsform als effizient nahe; und umgekehrt: je weniger routinisierbar und planbar der Transformationsprozeß ist, desto unbürokratischere Merkmale dürfte die Organisation aufweisen.

Tab. 2–1. Technologie-Varianten (nach Perrow)

	Problemlöseprozeß	
Ausnahmefälle	Nicht analysierbare Probleme	Analysierbare Probleme
Viele Ausnahmen		
Wenige Ausnahmen		

2.4 Domäne und Strategie

Miles et al. (1974) sehen in vier Entscheidungsproblemen (decision points) die umfassenden Bedingungsvoraussetzungen für die letztlich entstehende Gestalt und das Verhalten von Organisationen. Jede Organisation muß Entscheidungen darüber treffen,

(1) welches Segment der gesamten Umwelt sie als spezifisches Aktionsfeld wählt und welche grundlegende Strategie bei der Behandlung dieses Umweltsegments (Domäne) sie verfolgen will;
(2) welche Technologie sie bei der Verwirklichung ihrer Strategie nutzen will;
(3) welche Rollen- und Beziehungsstrukturen sie wählt, um Technologie und Strategie zu koordinieren und zu kontrollieren;
(4) welche Maßnahmen sie trifft, um die Kontinuität (Überlebenschancen) der Organisation zu erhöhen.

Die Wahl der Aktivitätsdomäne (etwa: Krankenbehandlung oder Werkzeugproduktion) setzt nach dieser Betrachtungsweise bestimmte Randbedingungen für die Interdependenz mit relevanten und irrelevanten Umweltteilen (Konkurrenten, Behörden, usw.), und sie präjudiziert darüber hinaus den Spielraum für Folgeentscheidungen über Technologie, Struktur und Kontinuität. Chandler (1969) hat diesen Einfluß jeweils unterschiedlicher Expansionsstrategien auf die strukturellen Merkmale von Industrieunternehmen anhand historischer Analysen eindringlich belegt.

Was Staehle (1973) als Organisationsaufgabe definiert, wäre unter den Kategorien der Domän- und Strategiewahl zu fassen. Außerdem wäre es denkbar, daß die alleinige Zugehörigkeit zu einem bestimmten Industriesektor über die Einflüsse der Domäne besondere Rahmenbedingungen setzt, die sich mit Hilfe des von Evan (1966) geprägten Begriffs des „Organisationssets" interpretieren lassen. In Anlehnung an Mertons Kategorie des Rollensets faßt Evan Organisationen, die gleiche Referenzorganisationen haben – in unserer Betrachtungsweise: gleiche Domänwahlen getroffen haben – in Organisationssets zusammen, die aufgrund ihrer Zugehörigkeit zu einem solchen „set" dazu tendieren, gleichartige Verhaltensrepertoires zu entwickeln.

2.5 Führung in Organisationen

Michaelsen (1973) hat die lange Geschichte der wissenschaftlichen Erörterung von Führungsproblemen auf eine knappe Formel gebracht: Am Anfang stand die Suche nach dem exzeptionellen Mann (great man) und seinen charismatischen Merkmalen; danach folgte die Suche nach dem besten Führungsverhalten; und schließlich fragte man bescheiden nach den Führungsarten, die in unterschiedlichen Situationen zu optimalen Ergebnissen führen. Damit wird der Weg von einer Eigenschaftstheorie der Führung über eine rollenfunktionale Verhaltenstheorie zu einem situativen Kontingenzmodell der Interaktion verschiedenster Determinanten des Führungsphänomens beschrieben. Das Kontingenzmodell umgreift mithin eigenschafts- und verhaltenstheoretische Ansätze.

Die wichtigsten Anstöße zur Entwicklung eines Kontingenzmodells der Führungseffektivität kamen von Fiedler (1964, 1967) und seinen Mitarbeitern, deren erste Arbeiten bis in die frühen fünfziger Jahre zurückreichen (Fiedler 1955). Das Modell ermöglicht die empirische Überprüfung der zentralen Hypothesen über die Abhängigkeit der Gruppeneffizienz von einer grundlegenden, verhaltensmotivierenden Bedürfnisstruktur des Führers und unterschiedlichen Führungssituationen. Das Maß der motivationalen Grundorientierung des Führers ist ein Durchschnitt von 16 Beurteilungsskalen des „Least Preferred Co-workers (LPC)" (sozusagen des unangenehmsten Mitarbeiters). Die Skalen sind Bewertungsdimensionen von Adjektivpaaren, z. B.:
angenehm: 1 . . . 2 . . . 3 . . . 4 . . . 5 . . . 6 . . . 7 . . . 8 unangenehm.

Mit Hilfe dieses Verfahrens lassen sich Führer in zwei Gruppen einteilen: Führer mit hohem und Führer mit niedrigem LPC-Wert. Führungssituationen werden eingeteilt nach ihrer „Günstigkeit" (favorability) anhand von drei Dimensionen: Qualität der Führer-Mitgliederbeziehungen (M–F), Aufgabenstrukturierung und Positionsmacht des Führers. Die drei dichotomisch (hoch – niedrig bzw. gut – schlecht) verstandenen Situationsdimensionen erlauben die Konstruktion eines acht-zelligen Rasters zur Kategorisierung von Führungssituationen (s. Tab. 2–2).

Die Grundhypothese des Modells besagt, daß Gruppen, deren Führer einen niedrigen LPC-Wert hat, in sehr ungünstigen und sehr günstigen Situationen erfolgreicher sind, während Gruppen, deren Führer einen hohen LPC-Wert besitzt, in gemischt günstig-ungünstigen Situationen erfolgreicher sein werden. Eine Fülle von Arbeiten hat die Grundannahmen

Tab. 2–2. Situationsmerkmale, die für erfolgreiches Führungsverhalten relevant sind (nach Fiedler)

	I	II	III	IV	V	VI	VII	VIII
Führer-Mitarbeiter-Verhältnis	+	+	+	+	–	–	–	–
Aufgabenstrukturierung	+	+	–	–	+	+	–	–
Positionsmacht des Führers	+	–	+	–	+	–	+	–

Bemerkung:
Die (+) und (–) Zeichen bedeuten positives oder negatives Führer-Mitarbeiterverhältnis oder hohe bzw. niedrige Aufgabenstrukturierung/Positionsmacht.

des Modells teils bestätigt, modifiziert und zum Teil in Frage gestellt. Massive Kritik an der empirischen Gültigkeit der Befunde Fiedlers, ihrer methodischen Exaktheit und ihrer theoretischen Interpretation wurden jedoch in jüngster Zeit laut (Graen et al., 1970, Ashour 1973). Auch in der deutschen Literatur findet man zunehmend Beiträge zu der Auseinandersetzung um das Fiedlersche Kontingenzmodell (Klockhaus 1970, Koch und Laschinsky 1972, Kretzschmar und Lück 1969, Kunczik 1974, Neuberger 1972, Neuberger und Roth 1973, Seifert 1969, Schreyögg 1973). Wichtiger Ansatzpunkt der Kritik ist dabei häufig das LPC-Konzept und seine Interpretationsschwierigkeiten: Handelt es sich um eine motivationale Grundorientierung oder um Graduierungen kognitiver Komplexität (Kunczik 1974, Mitchell 1970)? Unbeschadet der bestehenden methodischen und theoretischen Schwierigkeiten bleibt es jedoch Fiedlers Verdienst, durch seine Arbeiten die gesamte Diskussion um Führungsprobleme qualitativ auf eine neue Ebene der Auseinandersetzung gehoben zu haben.

Ein anderer Ansatz zur Erklärung von Führungsphänomenen leitet sich von der Unterscheidung instrumentaler (Aufgaben-orientierter) und sozioemotionaler (Gruppen-orientierter) Führung her, die Bales (1953) eingeführt hat. Das damit formulierte Divergenztheorem (Hofstätter 1959) bedeutet, daß Führung in Gruppen zwei unterschiedliche Funktionen zu erfüllen hat: einerseits Aufgaben der Gruppe zu strukturieren, andererseits die Gruppe selbst zu integrieren. Der Erfassung dieser als voneinander unabhängig betrachteten Funktionen des Führungsverhaltens widmete sich eine Reihe wissenschaftlicher Arbeiten im Gefolge der von Hemphill und Coons entwickelten Untersuchungsinstrumente – dem Ohio State Leader Behavior Questionnaire (Stogdill und Coons 1957). In der Bundesrepublik

hat Lück (1970) den Fragebogen faktorenanalytisch überprüft und festgestellt, daß ebenfalls zwei Faktoren für die Beurteilung von Führungsverhalten wichtig zu sein scheinen:
(1) Sachverständnis und Koordinationsverhalten
(2) Freundlichkeit und Verständnis.

Zu ähnlichen Ergebnissen kommen Tscheulin und Rausche (1970). Die Faktoren entsprechen in etwa den in der angelsächsischen Literatur vorwiegend benutzten Beschreibungskategorien Planungsinitiative (initiating structure) und Rücksichtnahme (consideration). Konsequenterweise unterscheidet man auch als die zwei wichtigsten Gütekriterien der Führung: Grad der instrumentalen und der sozioemotionalen Rationalität (Hill et al. 1974) oder Effektivität (Aufgabenerfüllung) und Effizienz (Befriedigung der Bedürfnisse von Mitgliedern eines Organisationssystems – nach Barnard 1947).

Als integrale aber neben Rücksichtnahme und Planungsinitiative gesondert zu sehende Dimension des Führungsverhaltens betrachtet Yukl (1971) die Verhaltensdimension „Partizipation". Darunter versteht er den Umfang, in dem ein Führer seinen Untergebenen eine Teilnahme an Entscheidungsprozessen ermöglicht. Das Maß der Partizipation ist der reziproke Wert der Zentralisation von Entscheidungen beim Führer (Heller und Yukl 1969). Mit Hilfe seines multiplen Verbundmodells (multiple linkage model) versucht er die Erklärung der Führungseffektivität:

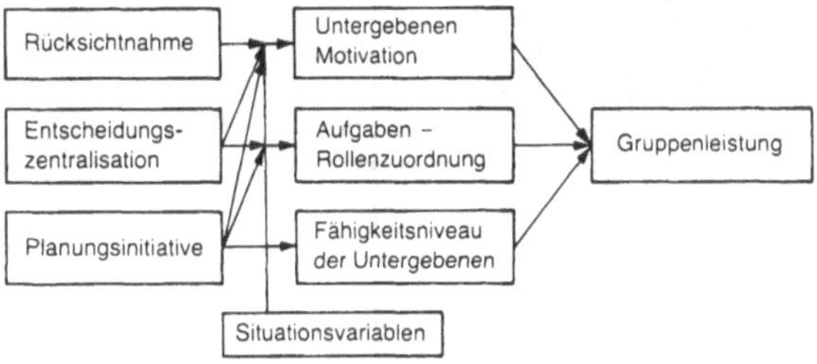

Diagramm 2–1. Multiples Verbundmodell des Führungsstils (Yukl 1971)

Die Effizienz des Führerverhaltens (die Zufriedenheit von Untergebenen mit dem Führer) interpretiert Yukl mit Hilfe eines ‚Diskrepanzmodells'. Entscheidend ist dabei neben situativen und Persönlichkeitsvariablen des Untergebenen vor allem der Unterschied zwischen Erwartungsniveau des Untergebenen und dem tatsächlichen Führerverhalten. Bei beiden Modellen – dem Zweifaktorenmodell und Yukls Verbundmodell – handelt es sich um Ansätze zu einer statischen Theorie des Führungsverhaltens,

Tab. 2–3. Integration führungs-theoretischer Ansätze nach Halal (1974)

	Modell 1	Modell 2	Modell 3	Modell 4	Modell 5
Führungsstil	Autokratie Autoritäre Methode der Gehorsamserzwingung	Bürokratie Rationale, aufgabenorientierte Vorgesetzten-Untergebenen-Beziehung	Human Relations Soziale Belohnungen und Bestrafungen	Partizipation Egalitäre Beziehungen von Vorgesetzten-Untergebenen	Autonomie Führung schafft nur Infrastruktur für freie Betätigung der Untergebenen
Aufgaben-technologie	Primitiv (Kriegsführung, Jagd und Ackerbau)	Routine	Dienstleistung	Einflußnahme und Kontrollfunktionen	Schöpferische Aufgaben
Untergebenen-Motivation	Physische Bedürfnisse	Sicherheits-orientierung	Soziale Bedürfnisse (Affektivität)	Ego-Motivation (Prestige, Anerkennung, Leistung)	Intellektuelle Bedürfnisse

welche die in Realsituationen zu erwartende Komplexität von Rückkopplungsbögen und zirkulärer Kausalität bewußt außer acht lassen.

Den umfassendsten Versuch zur Integration der verschiedenen führungstheoretischen Ansätze hat in jüngster Zeit Halal (1974) unternommen[2]. Er beschreibt fünf idealtypische Modelle der Führung, die sich in erster Linie im Hinblick auf den Grad von Kontrolle oder Einfluß des Führers über seine Untergebenen unterscheiden. Den jeweiligen Führungsformen werden jeweils verschiedene „passende" Arten der Aufgabentechnologie und der Untergebenenmotivation zugeordnet, die im Falle des kongruenten Zusammentreffens eine optimale Führungseffektivität bewirken (s. Tab. 2–3).

Im Rahmen seines Kongruenzansatzes definiert Halal die Kernvariablen, die auf dichotomisch verstandenen Dimensionen variieren:

Führungsstil – die Art der Arbeitsbeziehungen zwischen Untergebenen und Vorgesetzten;
Varianz: direktive – permissive Führung

Aufgabentechnologie – die Art der Arbeit, welcher die Untergebenen nachgehen;
Varianz: einfach – komplex

Untergebenenmotivation – die Art der Interessen und Werte, welche für die Wahrnehmungen und Verhaltensweisen der Untergebenen charakteristisch sind;
Varianz: materialistisch – idealistisch.

Mit seinem integrativen Ansatz erstellt Halal im Kern ein Kontingenzmodell zum besseren Verständnis der unterschiedlichen Wirksamkeit von Führung.

2.6 Formulierungen des Kontingenzansatzes

Beispielhaft wurde an den Kategorien Umwelt, Technologie, Domäne und Führung von Organisationssystemen das wesentlichste Merkmal von Kontingenzaussagen verdeutlicht: ihre situationsbezogene Relativität. Anstelle globaler oder monistisch einzelne Teilaspekte verallgemeinernder (Staehle 1973) Aussagen („Aufgabenorientierte Führung führt zu höherer

[2] Nach Abfassung dieses Manuskripts wurde uns eine Arbeit von O. Neuberger (1976) zugänglich, die in deutscher Sprache den beeindruckendsten Anlauf einer systematischen Beschreibung, Kritik und theoretischen Weiterführung gängiger Führungstheorien darstellt.

Produktion und zu niedriger Arbeitszufriedenheit der Organisationsmitglieder") handelt es sich bei Kontingenzaussagen um Konditionalsätze. („Wenn die Bedingungen a, b und c ... erfüllt sind, so eignet sich ein bestimmter Führungsstil mehr als andere, ein angestrebtes Ziel zu erreichen.") Diese Betrachtungs- und Vorgehensweise hebt sich bewußt von universalistischen Ansprüchen ab („Partizipation ist gut, mehr Partizipation ist besser") und versucht, „auf einem mittleren Abstraktionsniveau möglichst operationale Aussagen über Beziehungsmuster zwischen organisatorischen Einflußgrößen, bezogen auf bestimmte Situationen, zu formulieren" (Staehle 1975b). Freilich ist es, wie bereits dargelegt, dem Kontingenzansatz in der Organisationslehre noch nicht gelungen, die einzeln oder in Kombinationen auftretenden Wirkungsgrößen als durchgängige Situationsmerkmale überzeugend zu klassifizieren und ihr relatives Gewicht in ihrer Beeinflussung des Verhaltens von und in Organisationen zu bestimmen. Von daher ist es tunlich, von Ansätzen und Modellen anstatt von Theorien zu sprechen. Die verwendeten Konzepte in der Darstellung von Kontingenzansätzen haben deshalb immer noch in erster Linie klassifikatorische Funktionen. Dies gilt auch für zwei der wichtigsten, weil umfassendsten Darstellungen: die von Staehle (1973) und Heller (1971, 1974)[3].

Die verschiedenen monistischen, dualistischen (dichotomisch auf zwei Idealtypen abstellende) und pluralistischen (mehrdimensionale, situative) Theorienansätze in der Organisationslehre hat Staehle (vgl. vor allem 1973) herausgearbeitet. Davon ausgehend entwickelt er ein Interdependenzmodell unabhängiger, intervenierender und abhängiger Variablen.

Zu den unabhängigen Variablen gehören:
- Aufgabe (mit den Merkmalen Dauerhaftigkeit, Komplexität, Routinisierbarkeit)
- Technologie (Produktionsverfahren, Informationstechnologie)
- Menschen (Menschenbild, Motivation, Bedürfnisse, Führungsphilosophien)[4]
- Umwelt (Sicherheit, Stabilität, Gleichartigkeit).

[3] Der von Hill, Fehlbaum und Ulrich (1974) entwickelte „Bedingungsrahmen der Organisation" ist zwar detaillierter als die o. g. Darstellungen, benutzt im wesentlichen jedoch ein Kategoriengerüst, das von Staehle und Heller ebenfalls gebraucht wird.

[4] Die bei Hill, Fehlbaum und Ulrich (1974) noch aufgeführten Berufscharakteristika (Expertise) fehlen bei Staehle.

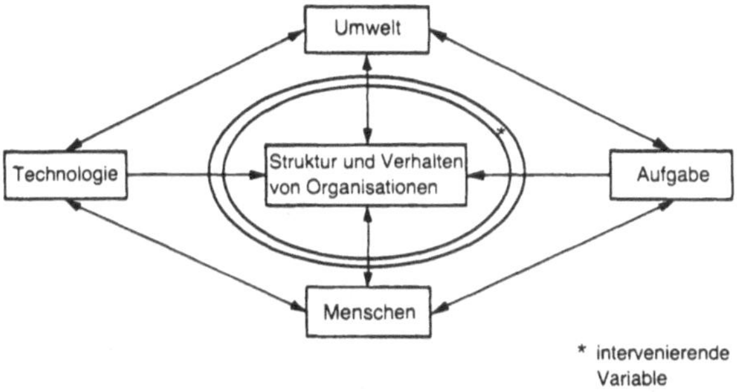

Diagramm 2–2. Modell der Kontextvariablen (nach Staehle 1975a)

Als intervenierende Variable identifiziert er u. a. Organisationsgröße, Standort, Rechtsform, Unternehmensverfassung. Als abhängige Variable faßt er Struktur und Verhalten des Systems und seiner Subsysteme (z. B. Standardisierung, Formalisierung, Hierarchisierung, Entscheidungsverfahren, Machtverteilung, Delegation, Partizipation, Führungsstil). Dabei grenzt er die einzelnen Variablen allerdings nicht definitorisch voneinander ab. Er betont die Schwierigkeit, den Einfluß eines Faktors der unabhängigen Variablen auf Struktur und Verhalten von Organisationen zu isolieren. Dies erhellt auch bereits aus den Pfeilen im Interdependenzmodell, die im Effekt das herkömmliche Denken in einem Kausalschema unabhängige → abhängige Variable in ein Modell zirkulärer Kausalität und wechselseitiger Bedingtheit mit Rückkopplungswirkungen auflösen: Was abhängig und was unabhängig ist, wird teils zu einer Frage der Logik, noch mehr jedoch des Betrachtungsstandpunktes und Untersuchungsinteresses.

Dieser Betrachtungsweise trägt auch die Darstellung Hellers (1974) Rechnung. Er spricht von Kern- und Peripherievariablen, um deutlich zu machen, daß in einem komplexen interdependenten Variablensystem die Gültigkeit klassischer Kausalitätsannahmen unzureichend ist. Vielmehr gilt es, die Varianz einer im Zentrum des Forschungsinteresses stehenden Variable mit Hilfe weiterer (peripherer) Variablen zu erklären. Diese nennt er Kontingenz-Variablen und gruppiert sie heuristisch im Rahmen einer Hierarchie von Variablen-Subsystemen, mit deren Hilfe er Entscheidungsverhalten und bestimmte Folgewirkungen des Entscheidungsstils (Ressourcen-Nutzung, Zufriedenheit) erklären will.

Alpha-Variablen: Merkmale der Personen –
Alter, Erfahrung, Fertigkeiten, Einstellungen, Werte

Beta-Variablen:	Situationale Variablen mit großer Nähe zum Entscheider – Technologie der Arbeit des Entscheiders, Arbeitsfunktion, Art der zu treffenden Entscheidung, besondere, begrenzende Merkmale der Aufgabe (z. B. Zeitdruck)
Gamma-Variablen:	Mikro-strukturelle Variablen – Kontrollspanne, Zahl der hierarchischen Ebenen, Größe der Abteilung, Organisationspolitik, Kontrollprozeduren, Zentralisation, verfügbare Ressourcen
Delta-Variablen:	Makro-strukturelle Variablen – Größe der Organisation, Beziehungen zu anderen Abteilungen, Arbeitsfluß-Technologie, Turbulenz der Organisation
Omega-Variablen:	Ökologische Variablen – sozio-politische und kulturelle Einflüsse, ökonomische Lage, Marktsituation, Erziehungssystem.

Auf dem Wege „transitorischer Modelle“ versucht Heller nun zu einer empirisch belegten Theorie der Nutzung menschlicher Ressourcen zu kommen. Heuristisch wird im Rahmen eines ersten transitorischen Modells angenommen, daß der Einfluß der Variablen-Systeme auf die Kernvariablen (Entscheidungsverhalten und Ressourcen-Nutzung) eine Rangordnung aufweist:

$$\alpha > \beta > \gamma > \delta > \omega$$

2.7 Zusammenfassung

Die Lage der Theorie zum Kontingenz-Ansatz in der Organisationslehre ist allgemein über das Stadium klassifikatorischer Schemata und heuristischer, d. h. im Grunde weitgehend a priorischer Modelle noch wenig hinaus gediehen. Von einer Kontingenztheorie kann (noch) nicht gesprochen werden. Der Ansatz erweist sich jedoch gerade in seiner heuristischen Funktion als äußerst fruchtbar: er öffnet neue Wege explorativer Erforschung und hat bereits eine Fülle empirischer Belege für seinen fortschreitenden Ausbau geliefert (vgl. auch Terry 1973). Mithin stellt er vorläufig mehr eine besondere Denk- und Vorgehensweise als eine systematische Ordnung theoretisch verbundener Aussagen dar. Herkommend von der allgemeinen Systemtheorie ist er in seinem Kern der Feldtheorie in den Sozialwissenschaften verwandt, wenn nicht mit ihr identisch. Der

Feldtheorie geht es darum, die Strukturelemente des Feldes und ihre Verhaltensrelevanz zu beschreiben (Lewin 1963). Dies scheint weitgehend mit der Frage identisch zu sein: Was geht als verhaltensrelevant mit in die Situation etwa einer Person ein, die in Organisationen Entscheidungen zu treffen hat? Was erklärt die Wahl besonderer Verhaltensoptionen?

In der Perspektive dieses situativen, feldtheoretischen Ausgangspunktes ist die Untersuchung zu sehen, über die im folgenden zu berichten ist.

3. Die Untersuchung

3.1 Fragestellung

Der Überblick über kontingenztheoretische Ansätze zum Verständnis des Verhaltens von und in Organisationen hat gezeigt, daß in jüngster Zeit wichtige Grundlagen für Organisationstheorien mittlerer Reichweite gelegt werden konnten. Der gegenwärtige Stand der Theorieentwicklung erlaubt und fördert bewußt nur relativ begrenzte Aussagen. Forschungen, die unter solchen kontingenztheoretischen Ansätzen antreten, kommt daher noch eine weitgehend explorative Funktion zu. Dies gilt auch von der vorliegenden Feldstudie. Die Charakterisierung empirischer Arbeiten als „explorativ" bedeutet dabei zumindest zweierlei:

(1) Man bewegt sich auf theoretisch relativ ungesichertem Boden, die verwendeten Hypothesen sind nicht konsequent aus einer detaillierten Theorie abgeleitet, sie sind vielmehr oft intuitiv oder stellen hypothetische Fortentwicklungen anderer wissenschaftlicher Vorarbeiten dar.

(2) Die benützten Modelle haben einen ausgesprochenen Durchgangscharakter, d. h. sie sind bewußt vorläufig gehalten und beziehen ihren Wert in erster Linie aus ihrer heuristischen Funktion.

Beide Merkmale treffen auch auf die vorliegende Studie zu.

Führungsverhalten in großen, komplexen Organisationen ist das Zentralthema der vorliegenden Studie. Es geht darum, die besonderen situativen Bedingungen zu erhellen, aus denen sich unterschiedliche Führungsformen erklären lassen. Ausgehend von der Auffassung, daß Organisationen vorwiegend aus ihren Besonderheiten der Entscheidungsfindung zu verstehen sind (March und Simon 1958, Cyert und March 1963), konzentrieren wir uns auf bestimmte Aspekte der Führung, wie sie sich in Prozessen der Entscheidungsfindung zeigen. Dabei soll nicht der Anspruch erhoben werden, daß Führung sich vorwiegend oder ausschließlich in Entscheidungssituationen materialisiere. Dennoch wird davon ausgegangen, daß gerade in Entscheidungen die Führung für das Funktionieren von Organisationen besonders wichtig wird.

Führung wird dabei verstanden als der soziale Prozeß der Interaktion zwischen Vorgesetzten und Untergebenen in der Beeinflussung einer Entscheidung. Es handelt sich also um Interaktionsprozesse im Rahmen von

Autoritäts- und Hierarchiebeziehungen, die sich in Entscheidungssituationen konkretisieren. Es interessiert hier vor allem, in welchem Umfang Vorgesetzte ihre direkt untergebenen Mitarbeiter an Entscheidungen teilnehmen lassen. In diesem diadischen Bezug sind vor allem zwei Perspektiven möglich:

(1) die des Vorgesetzten: wie stark behält es sich ein Vorgesetzter vor, eine Entscheidung selbst zu treffen? Man könnte hier von Entscheidungszentralisation in dem Sinne sprechen, daß bei Alleinentscheidungen des Vorgesetzten aller Einfluß auf den Entscheidungsausgang beim Vorgesetzten zentralisiert bleibt;
(2) die des Untergebenen: in welchem Umfang erhält ein Untergebener die Möglichkeit, eine Entscheidung zu beeinflussen? Nach Lammers (1967) fällt diese Form der Mitwirkung unter den Begriff der Partizipation: „die Gesamtheit der Formen aufwärts gerichteter Machtausübung durch Untergebene in Organisationen, sofern sie von Untergebenen und Vorgesetzten als legitim angesehen werden".

Solche verschiedenen Interaktionsprozesse lassen sich also als Unterschiede in der Teilhabe an Einfluß und Macht in Entscheidungssituationen auffassen. Die Kernfrage der Untersuchung kann damit formuliert werden: Welche (Kontingenz-)Bedingungen beeinflussen die Wahl von unterschiedlichen Entscheidungsmethoden? Als ebenfalls zentral, aber doch mit geringerem Gewicht werden hier die Fragen nach der Nutzung verfügbarer menschlicher Ressourcen und der allgemeinen Arbeitszufriedenheit behandelt.

In Anlehnung an die von Heller (1971, 1974) und Staehle (1973) entwickelten Kontingenzmodelle lassen sich für unsere Untersuchung folgende zu erfassende Variablengruppen in ihrem vermuteten Beziehungsgeflecht darstellen (Diagramm 3–1).

Das interaktionistische Verständnis des Entscheidungsverhaltens, das dieser Untersuchung zugrunde liegt, macht einen zusätzlichen Hinweis erforderlich. Als α-Variablen „Persönliche Merkmale" werden hier nicht nur „objektive" Eigenschaften, wie Alter, Erfahrung und Ausbildung, verstanden. Es sind hierunter auch Merkmale zu fassen, wie Einstellungen und Werthaltungen.

Die ω-Variablen „sozio-kulturelle Umwelt" werden als solche im Rahmen der deutschen Untersuchung nicht thematisiert. Sie sind vor allem für den internationalen Vergleich von analytischer Bedeutung. Sie werden hier als Hintergrund verstanden, auf dem sich die figuralen Interdependenzen der Peripherie- und Kernvariablen als Untersuchungsgegenstand abheben. Für den Zweck der Untersuchung betrachten wir die Organisation als ein offenes sozio-technisches System.

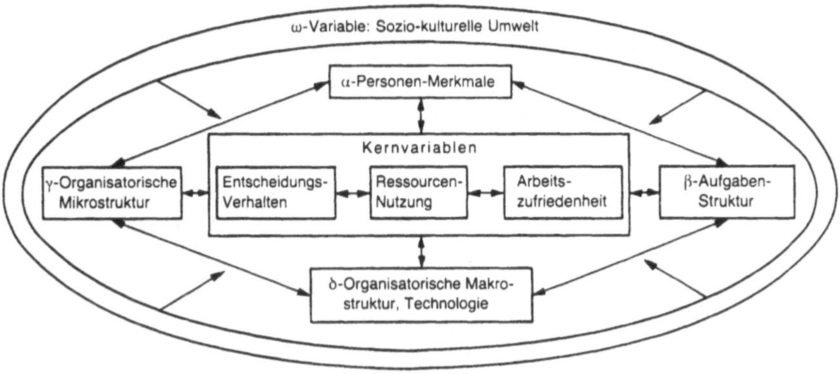

Diagramm 3–1. Kontingenzmodell der Untersuchung

3.2 Hypothesen

Für die Untersuchung wurden elf Kernhypothesen formuliert, die sich teilweise noch in Unterhypothesen gliedern lassen. Zum Teil wurden sie von Hellers Studie (1971) übernommen, teils handelt es sich um eigenständige Fortentwicklungen.

(1) α-Hypothesen: Personenmerkmale als Kontingenzfaktoren

H α 1 Die Bevorzugung einzelner Entscheidungsmethoden variiert signifikant mit bestimmten persönlichen Merkmalen der Entscheider, in unserem Falle: Merkmalen von Managern großer Unternehmen.

Als solche Merkmale sind vor allem anzusehen:

– das Lebensalter: es wird vermutet, daß ältere Manager eher dazu neigen, einen zentraleren, d. h. weniger kooperativen Führungsstil zu verwenden als jüngere Manager;
– die Berufserfahrung: je länger ein Manager im Beruf steht, desto weniger wird er auf den Rat untergebener Mitarbeiter angewiesen sein und daher zentralere Entscheidungsmethoden wählen;

- der Bildungsstand: je höher der Bildungsstand einer Führungskraft, desto mehr dürfte er Mitarbeiter-orientierte Entscheidungsmethoden wählen;
- Einstellung zur Partizipation: je positiver Manager die Folgen der Partizipation bewerten, desto mehr werden sie von einem kooperativen Entscheidungsstil Gebrauch machen.

H α 2 Die allgemeine Arbeitszufriedenheit von Führungskräften variiert signifikant mit bestimmten persönlichen Merkmalen der Führungskräfte.

Für folgende Personenmerkmale wird ein positiver Zusammenhang mit der allgemeinen persönlichen Arbeitszufriedenheit der Führungskräfte erwartet: Lebensalter, Berufserfahrung und Bildungsstand: je älter, berufserfahrener und gebildeter die Führungskräfte, desto zufriedener dürften sie mit ihrer Tätigket sein. Außerdem erwarten wir, daß die hierarchische Stellung eines Managers in einem bestimmten Verhältnis zu seiner Arbeitszufriedenheit steht: Positionsinhaber höherer Hierarchieebenen dürften im allgemeinen zufriedener mit ihrer Arbeit sein als ihre untergebenen Mitarbeiter. Schließlich vermuten wir, daß der Auslastungsgrad, d. h. inwieweit eigene Fähigkeiten, Fertigkeiten und Erfahrungen vom Unternehmen genutzt werden, positiv mit der Arbeitszufriedenheit korreliert.

(2) β-Hypothesen: Aufgaben- bzw. Tätigkeitsstruktur als Kontingenzfaktor

H β 1 Unter Führungskräften mit verschiedenen Funktionen innerhalb des Unternehmens bestehen signifikante Unterschiede im Führungsverhalten, hier: der bevorzugten Wahl bestimmter Entscheidungsmethoden.

Als Unterschiede der Funktion betrachten wir den hauptsächlichen Verantwortungs- und Tätigkeitsbereich eines Managers, etwa allgemeines Management, Verwaltung, Produktions- und Ingenieuraufgaben, Personalwesen, Finanzwesen, Forschung und Entwicklung. Allgemein erwarten wir, daß Führungskräfte mit vorwiegend verwaltenden und produktionsfluß-bezogenen Aufgabengebieten zentraler entscheiden als ihre Kollegen, die mehr Menschen-orientierte Aufgaben haben: Verkauf, Personalwesen.

H β 2 Das Entscheidungsverhalten verändert sich signifikant mit dem Typ des anstehenden Entscheidungsproblems.

Wir unterscheiden drei Problemtypen:

(1) Entscheidungen, die den direkt unterstellten Mitarbeiter unmittelbar und allein betreffen (SUB-Entscheidungen von „subordinate“),

(2) Entscheidungen, die Mitarbeiter des direkt unterstellten Mitarbeiters betreffen (EMP-Entscheidungen von „employee"),
(3) Entscheidungen, welche die gesamte Abteilung der vorgesetzten Führungskraft betreffen (DEPT-Entscheidungen von „department").

Es wird erwartet, daß Entscheidungen vom Typ SUB am meisten und Entscheidungen vom Typ EMP am wenigsten zentralisiert getroffen werden.

H β 3 Das Entscheidungsverhalten von Führungskräften variiert mit dem Grad der erlebten Umweltturbulenz.

Je turbulenter, d. h. veränderlicher und unvorhersagbarer die Umwelt in ihrem Einfluß auf die konkrete Tätigkeit[1] erlebt wird, desto mehr ist ein Vorgesetzter auf Erfahrung, Rat und Unterstützung seiner Mitarbeiter angewiesen, und desto kooperativer dürfte sein Entscheidungsstil sein.

H β 4 Das Entscheidungsverhalten kovariiert signifikant mit den Anforderungsmerkmalen der eigenen Arbeit.

Manager, die sich im Vergleich zur Arbeit ihrer Untergebenen einem großen Anforderungsdruck ausgesetzt sehen, werden zentralere Entscheidungsmethoden wählen, als wenn dieser Anforderungsdruck nicht besteht.

(3) γ-Hypothesen: Organisatorische Mikrostruktur als Kontingenzfaktor

H γ 1 Das Entscheidungsverhalten, der Auslastungs- und der Zufriedenheitsgrad von Führungskräften ändern sich mit dem Aktions- und Gestaltungsspielraum, den die Führungskräfte in ihrer Arbeit haben.

Es wird angenommen, daß folgende Beziehungen zu beobachten sind: Je größer der Aktions- und Gestaltungsspielraum, den die Organisation den Führungskräften ermöglicht, desto kooperativer ihr Entscheidungsstil, desto größer ihr Auslastungsgrad, und desto zufriedener sind sie mit ihrer Arbeit.

H γ 2 Das Entscheidungsverhalten von Führungskräften verändert sich mit der Größe der Abteilung, der sie vorstehen und mit ihrer jeweiligen Kontrollspanne.

Die Größe der Abteilung wird als die Gesamtzahl der Mitarbeiter verstanden, denen ein Manager vorsteht. Kontrollspanne ist die Gesamtzahl der direkt unterstellten Mitarbeiter, denen ein Positionsinhaber direkte Anweisungen zu erteilen hat (Lukatis 1972). Es wird vermutet, daß der

[1] Heller (1974) zählt die Umweltturbulenz zur organisatorischen Makrostruktur. Da hier jedoch die Umweltwirkungen nur im Hinblick auf die spezifische Tätigkeit interessiert, behandeln wir sie als Aspekt der Aufgaben- und Tätigkeitsstruktur.

Entscheidungsstil eines Managers um so kooperativer ist, je größer seine Abteilung und Kontrollspanne wird.

(4) δ-Hypothesen: Organisatorische Makrostruktur und Fertigungstechnologie als Kontingenzfaktoren

H δ *1* Gesamtorganisatorische Merkmale stehen in einer signifikanten Beziehung zum Entscheidungsverhalten, dem Auslastungsgrad und der allgemeinen Arbeitszufriedenheit von Führungskräften.

Für den Zweck unserer Untersuchung wurden vier makrostrukturelle Merkmalsgruppen herangezogen:

(a) die Größe der untersuchten Organisation als Gesamtzahl der Mitglieder, die der Untersuchungseinheit angehören. Es wird erwartet, daß mit zunehmender Größe der Führungsstil kooperativer wird, der Auslastungsgrad und die Zufriedenheit jedoch sinken;

(b) die Art der Untersuchungseinheit, d. h. entweder eine Hauptverwaltung mit/ohne Hauptproduktionsstätte oder eine reine Produktionsstätte. Es wird vermutet, daß Manager in Untersuchungseinheiten, die direkt zur Hauptverwaltung des Unternehmens gehören, zentraler entscheiden, einen geringeren Auslastungsgrad und eine geringere Arbeitszufriedenheit haben als Manager in reinen Produktionsstätten;

(c) die Besitzverhältnisse bzw. die Marktorientierung. Wir unterscheiden rein deutsche (ausschließlich in deutschem Besitz befindliche) Unternehmen mit ausschließlich deutscher Marktorientierung (D), deutsche Unternehmen mit internationaler Marktorientierung (Produktions- oder Betriebsdependencen im Ausland: Deutsche multinationale Firmen – DMNF) und ausländische multinationale Firmen mit Produktionsstätten oder Betriebsdependencen im Ausland (in ausländischem Besitz befindliche, internationale multi-nationale Firmen – IMNF). Es wird angenommen, daß mit zunehmender Internationalität auch die Entscheidungsstile kooperativer, der Auslastungs- und Zufriedenheitsgrad größer werden;

(d) die Fertigungstechnologie. Hier kann vor allem nach zwei Gesichtspunkten unterschieden werden: nach der Grobeinteilung vorherrschender Fertigungsweise im Sinne Woodwards (1965; s. auch Kapitel 2) und im Hinblick auf die Zugehörigkeit der Organisation zu einem bestimmten Industriezweig. Die Unterhypothese ist dabei, daß mit zunehmender Komplexität der Fertigungstechnologie auch die Entscheidungsformen kooperativer und Auslastungs- und Zufriedenheitsgrad höher sein dürften.

(5) Interaktionshypothesen: Besonderheiten der Interaktion von Vorgesetzten und Untergebenen als Kontingenzfaktoren.

H I 1 Bei Untergebenen stehen allgemeine Arbeitszufriedenheit und die wahrgenommene Nutzung ihrer Fähigkeiten, Fertigkeiten und Erfahrungen (Auslastungsgrad) in einem signifikanten Zusammenhang mit dem wahrgenommenen Entscheidungsverhalten ihrer Vorgesetzten.

Je kooperativer untergebene Mitarbeiter ihre Vorgesetzten erleben, desto höher wird ihr Auslastungsgrad und ihre Zufriedenheit sein.

H I 2 Die Urteilsdifferenzen zwischen Vorgesetzten (E 1) und ihren Untergebenen (E 2) über die bei den Untergebenen (E 2) vorhandenen Fähigkeiten, Fertigkeiten und Erfahrungen (Ressourcen) stehen in signifikantem Zusammenhang mit dem Entscheidungsstil der Vorgesetzten (E 1). Je größer die Differenzen sind, desto zentraler dürfte der Entscheidungsstil der Vorgesetzten sein.

Neben der Überprüfung der aufgeführten Hypothesen sollten durch die Untersuchung explorativ zusätzliche Details über Merkmale deutscher Manager und vorherrschende Führungsmuster in der Industrie zusammengetragen werden. Dient der Test spezifischer Hypothesen vornehmlich der Erhärtung und Veränderung des Kontingenzansatzes in der Organisationstheorie, so komplettiert und korrigiert das explorative Datenmaterial das sich in der Literatur abzeichnende Bild deutscher industrieller Führungskräfte. Beides zusammen liefert in der Gesamtanlage der Untersuchung eine wichtige Voraussetzung für den systematischen internationalen Vergleich. Über die dabei gewählten Methoden und Vorgehensweisen wird im folgenden Kapitel berichtet.

4. Methodik der Untersuchung

4.1 Auswahl der Firmen und Führungskräfte

An der Untersuchung wirkten insgesamt 301 Manager aus 17 großen Unternehmen oder Werken der Bundesrepublik, einschließlich West-Berlin, mit. 131 Teilnehmer gehörten der hierarchischen Ebene direkt unterhalb des Vorstandes bzw. – bei großen Einzelbetrieben – unterhalb der Betriebs-(Werks-)leitung an. Diese 131 Teilnehmer konstituieren die Untersuchungsebene 1 (E 1) unseres Forschungsvorhabens. Bei den restlichen 170 Managern handelt es sich um die formellen Stellvertreter oder engsten Mitarbeiter der Teilnehmer aus der Ebene 1, m. a. W. sie kamen aus der zweiten hierarchischen Ebene (E 2) unterhalb des Vorstandes. Der Versuch, sämtliche Führungskräfte der Ebene 1 und deren Stellvertreter zu erfassen, scheiterte zum Teil daran, daß geschäftliche oder persönliche Gründe (Krankheit, Urlaub) die Vertreter aus der einen oder anderen Ebene daran hinderten teilzunehmen. So kommt es, daß insgesamt nur 106 vollständige Führungspaare (Diaden) aus einem Vertreter der Ebene 1 und dessen direktem Stellvertreter teilnahmen. Für die statistische Analyse beziehen wir uns je nach Auswertungszweck teils auf die Gesamtheit der Manager in beiden Ebenen (Ebene 1 = 131, Ebene 2 = 170), teils auf die 106 Diaden[1].

Aufschlußreich ist ferner, daß die teilnehmenden Führungskräfte zu 96% aus Männern bestanden. Von den drei weiblichen Teilnehmern der Ebene 1 kamen zwei aus Dienstleistungsunternehmen.

Die deutsche Erhebung ist integraler Bestandteil einer international vergleichenden Untersuchung. Damit waren bestimmte Gesichtspunkte für die Auswahl der Firmen vorgegeben. Die Aufgabe bestand darin, aus zwölf vorgegebenen Industriebranchen wenigstens je eine große, fortschrittliche Firma für eine Mitwirkung an der Untersuchung zu gewinnen. Als „fortschrittlich" galt eine Firma, wenn sie nach dem Urteil unabhängiger Gutachter für moderne Führungs- und Managementmethoden aufge-

[1] Der Zugang zu mehreren Firmen konnte aus verschiedenen Gründen erst zu einem Zeitpunkt gefunden werden, an dem schon ein Teil der statistischen Auswertungen abgeschlossen war. Es werden daher in Ausnahmefällen nur folgende Zahlen angegeben: E 1 = 106, E 2 = 147, Diaden = 86.

schlossen war. Wie in den meisten größeren empirischen Untersuchungen dieser Art mußten bei der Firmenauswahl auch in unserem Fall gewisse Kompromisse geschlossen werden. Dennoch gelang es, den internationalen Auswahlkriterien weitgehend Rechnung zu tragen.

Die Auswahl erfolgte auf dem Wege einer reduzierten Panel-Technik: Der Untersuchungsleiter erstellte eine Liste von 45 Firmen, in denen die 12 Industriesektoren mit jeweils vier (in einigen Fällen drei) ihrer größten Firmen vertreten waren. Diese Liste wurde vier unabhängigen Gutachtern mit der Bitte überreicht, die Firmen jeder Branche nach dem Grad ihrer Fortschrittlichkeit zu ordnen. Den Gutachtern gehörten an: ein Professor der Betriebswirtschaft, ein Industrieller, ein Leiter eines regionalen RKW-Zentrums, ein Funktionär eines internationalen Industrieverbandes.

Dieses Verfahren führte zu eindeutigen ersten Plätzen in neun Branchen. In den drei restlichen Sektoren kamen jeweils zwei Firmen gemeinsam auf die ersten Plätze. Die Vorstände dieser 15 Firmen wurden schriftlich gebeten, ihre Zustimmung zu einer Mitarbeit an der Untersuchung zu geben. Die Bitte trug ein bekannter deutscher Industrieller und Parlamentarier vor. Eine kurze Beschreibung des Forschungsvorhabens war dem Anschreiben beigefügt. Sieben Firmen aus sieben Branchen antworteten positiv. In einer zweiten Runde wurde die gleiche Bitte an die zweitplazierten Firmen der noch nicht teilnehmenden Branchen gerichtet. Dies brachte die Gesamtzahl der vertretenen Sektoren auf neun. In den restlichen drei Sektoren mußte die ursprüngliche Firmenliste erweitert und mehrere Kontaktrunden durchgeführt werden, weil die Vorstände der drei oder vier größten Firmen dieser Branchen eine Mitwirkung strikt ablehnten. Insgesamt wurden in diesem Prozeß 30 Firmen angesprochen, 17 Firmen nahmen schließlich an der Untersuchung teil; sie gehören, wenn man von zwei Fällen absieht, zu den größten und bekanntesten ihrer Branchen.

Der Vergleich zwischen der international vorgeschriebenen Firmenauswahl mit der gewählten deutschen Firmengruppe ergibt folgendes Bild (Tab. 4–1):

---

[2] Eine hinreichend große Firma konnte in der Bundesrepublik nicht gefunden werden. Der Versuch, petrochemische Entwicklung durch allgemeine chemische Forschung und Entwicklung zu ersetzen, scheiterte an der negativen Haltung der angesprochenen Unternehmen.

[3] Zur Traktorenfabrikation konnte kein Zugang gefunden werden. Daher wurde stattdessen eine Firma mit vergleichbarer Technologie aufgenommen: Dieselmotoren und Dieselfahrzeuge für verschiedene Zwecke.

Tab. 4–1. Internationale Kriterien und deutsche Firmenauswahl

Internationale Merkmale		Deutsche Firmenauswahl			
Branche	Technologie	Zahl d. Untersuchungseinheiten	Zahl d. Manager E 1	E 2	Diaden
1. Elektronik	versch. Kleinprodukte, Schaltelemente, Röhren, in großen Mengen	1 (B)[1] 1 (B) 1 (B)	6 5 6	9 8 8	5 5 5
2. Flugzeugproduktion	kleine Stückzahlen, Serienproduktion	1 (BV)[1]	7	7	7
3. Petrochemische[2] Forschung	Forschung und Entwicklung	–	–	–	–
4. Büchsen- und/oder Kartonverpackung	Integrierte Massenfertigung	1 (BV)	10	19	3
5. Stahlproduktion	große, teilintegrierte Eisen- und Stahlproduktion	1 (V) 1 (B) 1 (B)	10 7 8	8 6 9	6 6 7
6. Telefon- und Telekommunikationsgeräte	große Massenproduktion	1 (BV)	6	6	6
7. Papier und Papierprodukte	große Massen- und Flußproduktion	1 (B)	6	6	6
8. Ölraffinerie	Flußproduktion	1 (B)	4	11	4
9. Kaufhäuser	Handel	1 (BV) 1 (BV)	6 5	8 10	5 4
10. Öffentlicher oder halböffentlicher Transport	Transport, einschl. Bustransport	1 (BV)	7	7	6
11. Traktorenfabrikation[3]	mittlere Stückzahl, Serien	1 (B)	14	16	12
12. Bank	Sparkassenanteil (Bausparen)	1 (BV) 1 (BV)	11 13	11 21	11 10
Insgesamt Untersuchungseinheiten/deutsche Manager		17 Untersuchungseinheiten	131	170	106
			301 (E 1 + E 2)		

[1] B = Hauptbetrieb
BV = Hauptbetrieb mit Hauptverwaltung
V = Verwaltung

Noten 2 und 3 s. S. 60

Für jede der international vorgeschriebenen Branchen konnten also, von einer Ausnahme abgesehen, ein bis drei Unternehmen für eine Mitwirkung gewonnen werden. Alle deutschen Firmen lassen sich der groben Technologie-Klassifikation Woodwards (1965) zuordnen, wobei noch mit Branche 9, 10 und 12 drei zusätzliche Branchen aus dem Dienstleistungssektor hinzukamen. So stimmt letzten Endes zwar die deutsche Firmenauswahl weitgehend mit den internationalen Kriterien für die Firmenauswahl überein; dennoch lohnt es sich, darüber nachzudenken, woher es kommt, daß ein Teil der Unternehmen von vornherein absagt und ein anderer Teil nur nach langem Zögern einer Untersuchung zustimmt.

Exkurs: *Über Schwierigkeiten empirischer Erhebungen*

Die erste Kontaktnahme zu den ausgewählten Firmen erfolgte im Juni 1971. Die ersten Erhebungen fanden im Juli 1971 statt, im Februar 1974 die letzten. Dazwischen lagen zum Teil angestrengte Versuche, die Wand aus Desinteresse oder auch pointierter Ablehnung mancher angesprochenen Unternehmen zu durchbrechen. Selbst die Unterstützung von Arbeitgeberverbänden und persönlicher Intervention bekannter Industrieller erwies sich oft als erfolglos. Die Gründe sind meist nur aus Nebenbemerkungen ersichtlich; gelegentlich werden sie jedoch auch deutlich ausgeprochen. Da sie für ähnliche Untersuchungen wichtig sein könnten, seien sie hier kurz aufgeführt.

(1) *Besondere Merkmale der Untersuchung*

Das Forschungsvorhaben benötigte die Mitwirkung des oberen Management, und zwar genau der beiden Ebenen, die für die Umsetzung geschäftspolitischer Überlegungen und Ziele das kritische Scharnier bilden. Wie wir aus vielen Beobachtungen schließen konnten, steht aber gerade diese Ebene unter ungewöhnlichem Zeitdruck. Daraus resultierte ein Zeitbewußtsein und Kosten-Nutzen-Denken, die dann oft zu einer Ablehnung führten, selbst wenn das grundsätzliche Interesse an der Fragestellung und Untersuchung gegeben war.

(2) *Forschungsübersättigung*

Ein Teil gerade der größten deutschen Unternehmen scheint von Bitten um Mitwirkung an Forschungsvorhaben verschiedenster Art geradezu überflutet zu werden. So schrieb uns ein Vorstandsvorsitzender: „Wir sind in der Vergangenheit von Instituten und Organisationen, die sich mit Managementfragen befassen, vielfach gebeten worden, uns für Erhebungen und Gespräche zur Verfügung zu stellen. Wir haben versucht, solchen an uns herangetragenen Wünschen nach Möglichkeit zu entsprechen. Dabei hat sich eine derartige Fülle von Verpflichtungen angehäuft, daß wir zu unserem Bedauern dazu übergehen mußten, alle neu auf uns zukommenden Wünsche abzulehnen."

Oder ganz ähnlich die Geschäftsleitung eines Großunternehmens: „... und teilen Ihnen mit, daß wir an der vergleichenden Untersuchung nicht teilnehmen können. Der Grund hierfür liegt in den vielfältigen Arbeiten auf ähnlichen Gebieten, an denen unser Unternehmen bereits beteiligt ist. Eine weitere Inanspruchnahme unserer führenden Mitarbeiter durch zusätzliche Untersuchungen kann aus betriebsinternen Gründen nicht vertreten werden."

(3) *Skepsis gegenüber sozialwissenschaftlicher Forschung*

Wie verbreitet eine grundsätzlich negative Haltung gegenüber sozialwissenschaftlichen Erhebungsverfahren bei Führungskräften der deutschen Industrie ist, läßt sich schwer sagen. Gelegentlich tritt sie jedoch unverhüllt auf. Als Beispiel kann die Haltung eines Großindustriellen stehen, der uns mitteilte, daß Vergleiche – schon gar internationale – von Führungsstilen nicht möglich seien. Der einzig sinnvolle internationale Vergleich seien Geschäftsergebnisse. Es ist dies die generelle Abneigung gegen den Versuch, objektive Meß- und Vergleichsverfahren nicht ökonomischer Provenienz auf Führungskräfte anzuwenden, wie sie auch von Booz, Allen und Hamilton (1973) beobachtet wurde.

(4) *Zyklische Strukturprobleme*

Der Erhebungszeitraum fällt in einen Zeitraum, in dem mehrere Branchen der deutschen Industrie in einem umfangreichen Neuordnungsprozeß standen, der sich im wesentlichen durch Unternehmens-Zusammenschlüsse bemerkbar machte oder in echten Überlebensschwierigkeiten ganzer Branchen seinen Niederschlag fand. Hierzu als Beispiel die Worte eines Vorstandsvorsitzenden: „Leider kann die X-AG an Ihren vergleichenden Untersuchungen nicht aktiv mithelfen. Durch drastische Personaleinsparungen sind wir dermaßen dezimiert, daß wir nicht in der Lage sind, das gewünschte Material zu erstellen. Durch die Währungssituation und ihre Konsequenzen, vor allem auch durch den hereinströmenden Import, ist unsere Industrie so geschädigt, daß nicht nur die X-AG, sondern die gesamte deutsche X-Industrie sich in einer ernsten Situation befindet, die uns zwingt, uns ganz ‚auf's Überleben' zu konzentrieren."

(5) *Vergleichsscheu*

Schließlich war noch eine Grundhaltung zu beobachten, die offenbar von einem besonders geprägten Selbstbild des Unternehmens beeinflußt war und als Vergleichsscheu bezeichnet werden könnte. So antwortete ein Unternehmer auf unsere Frage: „Zu Ihrem Vorschlag möchten wir Ihnen die – sicherlich bekannte – besondere Situation auf dem Führungssektor unseres Hauses in Erinnerung rufen. Durch den persönlichkeitsbezogenen Führungsstil erscheint uns ein Vergleich mit anderen Unternehmen, insbesondere im Ausland, nicht geeignet zu sein."

Insgesamt handelt es sich bei allen fünf Gründen wohl um sehr ernstzunehmende Einwände gegen das Ansinnen von Forschern an Geschäftsleute, wenn schon nicht direkt Geld, so doch Geld-bedeutende Zeit von Führungskräften für eine Erhebung zur Verfügung zu stellen. Die eine oder andere Begründung mag Schutzbehauptung für etwas ganz anderes sein. Den Zugang zu Daten können sie aber allemal verbauen. Dies ist um so gravierender, als den Sozialwissenschaften, und hier vor allem der Organisationspsychologie und -soziologie, letztlich kein anderes Untersuchungsfeld zur Verfügung steht als die gelebte Wirklichkeit – in unserem Falle: Organisationen. Der Rückzug ins Labor verbietet sich bei komplexeren Fragestellungen, die für die Praxis bedeutsam sind. Mithin bleibt für das Durchbrechen der Datenmauer, wie sich auch am Beispiel unserer Untersuchung zeigt, nur der Nachweis, daß empirische Forschung sehr wohl in symbiotischer Beziehung zwischen Wissenschaftler und Praktiker zu betreiben ist.

4.2 Erhebungsmethode: Gruppen-Feedback-Analyse

Ein möglicher Ausweg aus der Sackgasse des Organisationswissenschaftlers vor der Mauer der Datenunzugänglichkeit scheint in den verwendeten Erhebungsmethoden selbst zu liegen. Gewöhnlich besteht ein lineares Verhältnis in der Folge von

Datenerhebung → Auswertung → Veröffentlichung.

Hinzu kommen die Standards für akademische Publikationen, die so beschaffen sind, daß wissenschaftliche Veröffentlichungen einen möglichst hohen Abstraktions- und Generalisierungsgrad aufzuweisen haben. Dieser wird wiederum nur von wissenschaftlichen Fachkollegen verstanden. Das oben erwähnte lineare Verhältnis erhält damit zusätzlich eine vereinseitigende Dimension:

Datenerhebung bei A → Auswertung von B → Veröffentlichung für C.

Und so finden wir uns in einer Situation, die prägnant in dem von Cherns (1969) formulierten Dilemma umschrieben ist: „Je höher der Generalisierungsgrad und daher der mögliche Nutzwert einer Forschung ist, desto schwächer ist das System, durch das es in Aktions- und Entscheidungskanäle hineinkommen könnte."

Die Frage ist also, wie die einseitig vom Praktiker weggerichtete sozialwissenschaftliche Forschungsproduktion dem Praktiker wieder direkt zugänglich gemacht werden kann – zum beiderseitigen Nutzen.

Das in dieser Untersuchung angewandte Erhebungsverfahren der Gruppen-Feedback-Analyse (im weiteren GFA) bietet dazu einen Ansatz. Die GFA als Methode der Feldforschung wurde von Heller (1969) bereits ausführlich beschrieben und als Methode des sozialen Wandels in Organisationen auch der deutschen Leserschaft („Gruppendynamik" Jg. 3, 1972) vorgestellt. Sie besteht aus drei Vorgehensschritten, die im Rahmen dieser Untersuchung wie folgt gestaltet wurden:

Schritt 1: Datenerhebung mit standardisierten Fragebögen

Die Führungskräfte der Ebene 1 eines Unternehmens wurden zusammen in einem Sitzungsraum gebeten, wo sie nach einer kurzen Einführung des Untersuchungsleiters die elf der 14 in der Untersuchung verwandten Fragebögen (s. Abschnitt 4.3 und Anhang) ausfüllten. Die Anleitungen zum Ausfüllen der Bögen wurden für sämtliche Unternehmen einheitlich auf Band gesprochen. Die Einführung und die Instruktionen vom Band unterstrichen die vertrauliche Behandlung aller im Verlauf der Untersuchung erhobenen individuellen Antworten. Die Anwesenheit des Untersuchungsleiters ermöglichte es, eventuell auftretende Verständigungsschwierigkeiten sofort persönlich auszuräumen. An diesen Sitzungen nahmen, je nach Größe der Managementebene, zwischen vier und 21 Führungskräften teil. Das Ausfüllen der ersten elf Bögen beanspruchte durchschnittlich eine Stunde.

Schritt 2: Auswertung und Feedback

Eine kurze Pause (10–20 Minuten) diente dazu, fünf der Fragebögen mit Hilfe eines kleinen Tischrechners auszuwerten. Die errechneten Durchschnittswerte und Verteilungen der Antworten wurden den Teilnehmern so mitgeteilt, daß jeder seine eigenen Antworten identifizieren und auf die anonymen Antworten seiner Kollegen und die Durchschnittsergebnisse der ganzen Gruppe beziehen konnte. Dadurch wurde vom Untersuchungsleiter gleichzeitig die Anonymität der Daten gewährleistet und doch ein interpersonaler Vergleich möglich.

Schritt 3: Gruppendiskussion

Eine etwa einstündige Diskussion der Ergebnisse schloß sich an, in deren Verlauf die restlichen drei Fragebögen ausgefüllt und deren Ergebnisse zum Teil ebenfalls rückgekoppelt wurden. Die Fragebögen, deren Ergebnisse diskutiert wurden, betrafen Arbeitsanforderungen (Fragebogen 2), verfügbare Ressourcen (Fragebogen 3), allgemeinen Führungsstil (Fragebogen 6), eigene Fähigkeiten (Fragebogen 8) und Einstellung zu einer kooperativen Führung (Fragebogen 13). Die jeweiligen Ergebnisse wurden den Teilnehmern anhand von Photokopien mitgeteilt und kurz vom Untersuchungsleiter erläutert, ohne dabei jedoch eine Interpretation zu geben. Vielmehr wurden die Teilnehmer unter Hinweis darauf, daß sich der Versuchsleiter als Außenstehender kein Urteil erlauben könne, gebeten, ihm die Resultate zu erklären. Es ging also darum, die Unterschiede oder Gemeinsamkeiten der Ergebnisse aus dem besonderen Kontext der Situation im Unternehmen oder Betrieb zu interpretieren.

Diese Bitte löste in allen Fällen eine äußerst lebhafte Diskussion aus, in deren Verlauf die Teilnehmer meist aus ihrer Anonymität heraustraten und die spezifischen Gründe für ihre Antworten gaben. Der Versuchsleiter enthielt sich jeglicher wertenden Feststellung, verhielt sich während des Gesprächs soweit wie irgend möglich nicht direktiv und faßte allenfalls die verschiedenen Beiträge zusammen. Diese Diskussion, die von den Teilnehmern ganz offensichtlich sehr begrüßt wurde, sprengte häufig den für eine Stunde bemessenen Rahmen und weitete sich in einem Fall aus in eine vierstündige Diskussion von industriellen Führungsproblemen allgemein und der spezifischen Situation des eigenen Unternehmens im Besonderen. Im Einvernehmen mit den Teilnehmern wurden diese Diskussionen für eine spätere inhaltsanalytische Auswertung auf Band aufgenommen.

Alle drei Schritte der GFA wurden dann am Nachmittag oder am darauffolgenden Tag mit den Führungskräften der nächsten hierarchischen Ebene (E 2) des Betriebes durchlaufen. Ein entscheidender Vorzug der GFA gegenüber herkömmlichen Fragebogenerhebungen liegt in der Tatsache, daß der Untersuchungsleiter selbst beim Ausfüllen der Bögen anwesend ist und damit ein Höchstmaß an einheitlichem Fragenverständnis garantiert wird. Eine der Schwierigkeiten und Fehlerquellen bei Fragebogenerhebungen, daß je nach Situation des Befragten die Bedeutung der Frage umgedeutet wird, ohne die Gelegenheit für eine Korrektur zu geben, wird dadurch vermieden.

Darüber hinaus erwies sich der Wert des Verfahrens auf zweierlei Weise: es dient der Erweiterung der Datenbasis und ermöglicht gleichzeitig einen gewissen Test der Gültigkeit von Erhebungsergebnissen. Beispielhaft bietet die Feedback-Diskussion eine Demonstration des Gruppenverhaltens von maßgeblichen Führungskräften im Unternehmen. Die Rückkopplung anonymer, aber immer dennoch auf das Individuum bezogener Ergebnisse setzt einen gruppendynamischen Prozeß frei, in dessen Verlauf Phänomene informeller sozialer Beziehungen, vorherrschender Gruppennormen, gegenseitiger Offenheit und Kooperationsbereitschaft und persönlicher Identifikation mit dem Unternehmen deutlich werden. Heller (1972) hat darauf hingewiesen, daß die GFA einerseits die Konzentration auf „Hier-und-jetzt-Ereignisse“ (Feedbackdaten) ermöglicht, andererseits aber die emotionale Bedrohlichkeit mancher Trainings-Gruppen-Erfahrungen deshalb nicht erreicht, weil mehr organisatorische, technische und soziologische Gegebenheiten im Zentrum der GFA stehen. Außerdem hat der Teilnehmer immer die Möglichkeit, nicht aus der Anonymität der rückgekoppelten Ergebnisse herauszutreten. Die im Laufe der Gruppendiskussion gesammelten Erkenntnisse haben sich von erheblichem Wert für ein besseres Verständnis der spezifischen Firmensituationen erwiesen. Zum Teil brachten sie zusätzliche Informationen, die auf dem Wege einfacher schriftlicher Befragungen nie zu erbringen gewesen wären. Gleichzeitig lieferten die Feedback-Diskussionen einen ersten Konsistenztest der Ergebnisse, weil sie die Frage aufwarfen, inwiefern sich die Gruppe der Manager mit ihren eigenen Antworten identifizieren konnte. Gewisse Korrekturen an den „harten“ Fragebogenergebnissen wurden so durch die „weichen“ Daten der Feedback-Diskussion möglich. Insgesamt ergibt sich damit bereits, daß die lineare Beziehung von

Datenerhebung bei A → Auswertung von B → Veröffentlichung für C

mit Hilfe des Feedbacks und der iterativen Datenerhebung in eine Spirale umgewandelt wird (Diagramm 4–1).

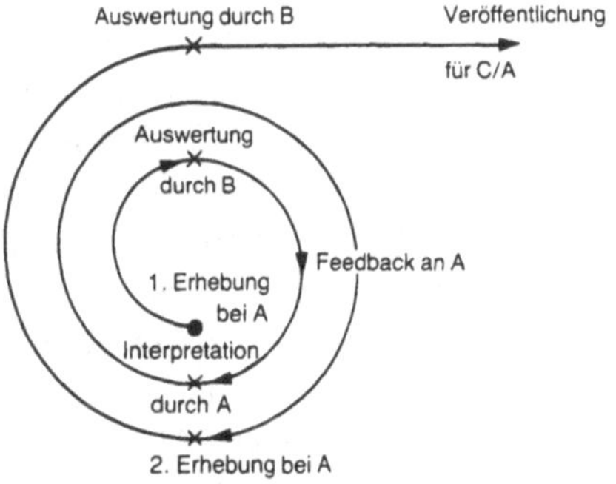

Diagramm 4–1. Feedback und Iteration bei der GFA

Die Spirale setzte sich jedoch in der Mehrzahl der untersuchten Unternehmen noch um wenigstens eine weitere Drehung fort. Die deutschen Unternehmen wurden bei der ersten Kontaktnahme unzweideutig informiert, daß Zweck der Untersuchung eine internationale Studie über Führungs- und Entscheidungsverhalten in oberen Führungsebenen von Unternehmen sei. Andererseits seien die erhobenen Daten so beschaffen, daß sie für das Unternehmen selbst von direktem Nutzen sein könnten. Der Unternehmungsleiter erklärte sich bereit, auf Wunsch einen ausführlichen, mündlichen Ergebnisbericht zu liefern. Dreiviertel aller teilnehmenden Unternehmen erbaten einen solchen zusätzlichen Bericht, der die Ergebnisse der einzelnen Unternehmenserhebung und gegebenenfalls nationale Vergleichsergebnisse beinhaltete. In mehr als der Hälfte der Unternehmen konnten solche Berichte gegeben werden.

Die Bitte um einen detaillierteren Ergebnisbericht wurde meist spontan von den Teilnehmern der Feedback-Sitzungen geäußert. Manager einer Ebene wünschten, ihre Ergebnisse mit denen ihrer Kollegen der anderen Ebene zu vergleichen und sie, wenn möglich, mit nationalen Durchschnittswerten in Beziehung zu setzen. Das übliche Verfahren war dann meist, dem Vorstand einen solchen detaillierten Bericht über die Gesamtergebnisse (beider Ebenen) der Erhebung im Unternehmen zu erstatten. Die Resultate wurden im Rahmen unseres offenen sozio-technischen Systemansatzes referiert und einige Hypothesen für die Ursachen einiger der charakteristischen Ergebnisse entwickelt (z. B. über die Gründe einer überdurchschnittlich geringen Nutzung verfügbarer Ressourcen – Fragebogen 8). Solche Treffen mit den Vorständen waren ein weiterer Test der Relevanz und Güte der erhobenen Daten, denn die Vorstandsmitglieder hatten an der Erhebung nie selbst teilgenommen.

In praktisch allen Fällen entschied danach der Vorstand, eine dritte Runde der Feedback-Diskussion mit einer oder beiden Teilnehmerebenen (E 1 und E 2) durchzuführen, obwohl die Gesamtergebnisse durchaus nicht immer schmeichelhaft für die oberste Führungsebene waren (z. B. hinsichtlich der Zufriedenheit mit dem oberen Management). Diese dritte Feedback-Diskussion, die immer Vergleiche mit anderen Firmen, nationalen und womöglich internationalen Erhebungsergebnissen umfaßte, war in den meisten Fällen schon ein Schritt in Richtung einer von der Praxis ausgehenden und auf die Praxis der im Unternehmen bestehenden Situation bezogenen Fortbildung von Führungskräften (Wilpert und Heller 1974).

Insgesamt bietet sich aufgrund unserer Erfahrungen die GFA an als ein Forschungsverfahren, das sehr wohl geeignet scheint, das von Rapoport (1970 und 1972) beschriebene Ziel-Dilemma von der Unmittelbarkeit der Praxisbedürfnisse im Gegensatz zu den langfristigen Zeitperspektiven sozialwissenschaftlicher Forschung aufzulösen. Vielleicht muß man aber noch einen Schritt weitergehen. Wenn es stimmt, daß jede empirische Forschungsarbeit – auch ein halbstündiges Interview – einen interventionistischen Charakter trägt (Argyris 1970), so verpflichtet allein diese Intervention den Forscher. Es scheint also nicht zuviel verlangt, von jedem Forschungsdesign zu verlangen, daß die Forschung einem Teil ihrer Sozialverpflichtung dadurch Rechnung trägt, daß sie Rückkopplungsbögen für die Befragten prinzipiell und von vornherein einplant. Die Beziehungen zwischen Forschern und Praktikern ließen sich dadurch wirkungsvoll symbiotischer gestalten.

4.3 Variablen und Erhebungsinstrumente

Kernvariablen

4.3.1 Entscheidungsstil (Interaktionsmuster)

Der allgemeine Rahmen der Untersuchung, der im vorhergehenden Kapitel abgehandelt wurde, muß nun durch eine Beschreibung der in der Untersuchung berücksichtigten Variablen und Erhebungsinstrumente konkreter gefaßt werden. Im Vordergrund der Untersuchung steht, wie bereits ausgeführt, die Frage nach den Formen der Zusammenarbeit verschiedener Führungsebenen industrieller Organisationen im Entscheidungsprozeß. Interaktionsmuster (I) von Vorgesetzten (V) und direkt unterstellten Mitarbeitern (M) sind damit der zentrale Untersuchungsgegenstand: Kooperationsformen unter Bedingungen formeller Hierarchie.

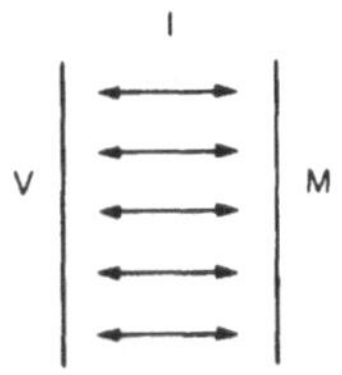

Diagramm 4–2. Interaktionsmuster von Vorgesetzten und untergebenen Mitarbeitern als Kernvariablen

Diese Interaktionsmuster wurden mit Hilfe des von Heller (1971) entwickelten Einfluß-Macht-Kontinuums (EMK) operationalisiert. Es handelt sich dabei um fünf unterscheidbare Prägnanzstufen der Zentralisation bzw. Dezentralisation in der Behandlung von Entscheidungen zwischen zwei hierarchischen Ebenen, oder anders gesagt: fünf Arten der Entscheidungsfindung innerhalb der diadischen Beziehung von Vorgesetzten und unterstelltem Mitarbeiter.

Zentralisation ← Partizipation →

I	II	III	IV	V
Entscheidung ohne Erläuterung	Entscheidung mit Erläuterung	Vorherige Beratung	Gemeinsame Entscheidung	Delegation

Einfluß → Macht →

Diagramm 4–3. Einfluß-Macht-Kontinuum (EMK)

Entscheidungsformen

I = Eigene Entscheidung des Vorgesetzten ohne detaillierte Erläuterung für den unterstellten Mitarbeiter (besondere Besprechung, schriftliche Erläuterung)

II = Eigene Entscheidung des Vorgesetzten mit nachträglicher, detaillierter Erläuterung für den unterstellten Mitarbeiter (Besprechung, schriftlich)

III = Vorherige Beratung mit unterstelltem Mitarbeiter aber eigene Entscheidung, die den Einfluß des Mitarbeiters widerspiegeln kann oder auch nicht

IV = Gemeinsame Entscheidung mit unterstelltem(n) Mitarbeiter(n): gemeinsame Problemanalyse und Konsensusentscheidung

V = Delegation der Entscheidung auf den unterstellten Mitarbeiter

Für die hier verwendete Definition des Begriffs „Entscheidung" ist wichtig, daß er den gesamten Prozeß umfaßt, der zur endgültigen Entscheidung führt. Ratschlag und Empfehlungen, die im allgemeinen akzeptiert werden, gelten in diesem Verständnis ebenfalls als Entscheidung. Dies ist vor allem in Situationen wichtig, wo die formelle Entscheidungsbefugnis auf der nächsthöheren Ebene angesiedelt ist, aber die Entscheidung selbst faktisch durch die darunter liegende Ebene getroffen wird, d. h. entsprechende Vorschläge von der formell autorisierten Ebene im Regelfall befolgt werden.

Das Einfluß-Macht-Kontinuum wird mithin verstanden als eine Dimension unterschiedlicher Teilhabe des Untergebenen an entscheidungsrelevanten Informationen und unterschiedlicher Teilnahme (Partizipation) an der Gestaltung des Entscheidungsergebnisses. Einfluß einer untergebenen Person definiert sich damit durch das Maß, in dem ihre Wünsche und Vorstellungen in den Entscheidungsprozeß eingebracht werden können. Macht definiert sich durch das Maß, in dem diese Wünsche und Vorstellungen berücksichtigt werden (Heller 1971).

Das EMK läßt sich leicht von einem Ansatz Vrooms (1969) abheben, der drei grundlegende Entscheidungsstile unterschied: *autokratischer* Stil – die

Führungskraft entscheidet selbst und ordnet an; *konsultativer* Stil – der unterstellte Mitarbeiter nimmt aktiv an der Entwicklung alternativer Lösungen des Entscheidungsproblems teil, aber der Vorgesetzte trifft die endgültige Wahl; *partizipativer* Stil – der Vorgesetzte teilt das Problem seinen unterstellten Mitarbeitern mit und erlaubt der Gruppe, eine Entscheidung zu treffen. Diese Stile entsprechen in etwa unseren Entscheidungsformen I, III und IV.

In jüngerer Zeit hat Vroom zusammen mit Yetton (1973) seinen ursprünglichen Ansatz in eine Richtung ausgeweitet, die dem EMK recht nahe kommt. Die Autoren unterscheiden Entscheidungsmethoden nach dem „potentiellen Ausmaß, in dem Untergebene an Problemlösungsprozessen teilnehmen (partizipieren)" können. In Fortentwicklung des ursprünglichen Ansatzes von Vroom werden nun von Vroom und Yetton folgende Entscheidungsmethoden behandelt:

„A-Methoden" (autokratisch)	– entsprechen in etwa unseren Methoden I und II (eigene Entscheidung ohne und mit Erläuterung)
„C-Methoden" (konsultativ)	– entsprechen genau unserer Methode III (vorherige Beratung)
„G-Methoden" (Gruppen)	– entsprechen genau unserer Methode IV (gemeinsame Entscheidung)
„D-Methode" (Delegation)	– entspricht genau unserer Methode V (Delegation)

Die Ähnlichkeit unserer Führungsstil-Taxonomie zu denen anderer Autoren wie etwa Lewin, Lippit und White (autokratisch, demokratisch, laissez-faire, 1939) oder Likert (System 1: exploitativ-autoritativ; System 2: wohlwollend-autoritativ; System 3: konsultativ; System 4: partizipativ, in Gruppe – 1967) ist zwar nicht ganz so groß wie im Vergleich zu Vroom und Yetton, ist aber offensichtlich[2].

In unserer Untersuchung dienten zwei standardisierte Fragebögen der Erfassung der Interaktionsmuster von Vorgesetzten und Untergebenen im Entscheidungsprozeß.

Fragebogen Nr. 5: „Spezifisches Entscheidungsverhalten" (s. Anhang). Der Bogen enthält zwölf konkrete Entscheidungen, die ein Manager wenigstens gelegentlich im Verlaufe eines Jahres zu treffen hat. Die Entscheidungen gliedern sich in die drei bereits beschriebenen Gruppen:

[2] Vroom und Yetton haben in ihrer Arbeit die Vergleichbarkeit des instrumentellen Ansatzes bei verschiedenen Autoren tabellarisch erfaßt (1973: 17).

- Entscheidungen, die den unterstellten Mitarbeiter direkt betreffen (SUB-Entscheidungen): Entscheidungen 1, 4, 10, 11, 12
- Entscheidungen, die in erster Linie Mitarbeiter des Untergebenen betreffen (EMP-Entscheidungen): Entscheidungen 2, 3, 6, 7, 9
- Entscheidungen, die für die gesamte Abteilung relevant sind (DEPT-Entscheidungen 5 und 8.

Ein Teil dieser Entscheidungen wurde von einer Untersuchung von Blankenship und Miles (1968) übernommen. Die Autoren untersuchten das Entscheidungsverhalten (Autonomie, Einfluß auf Vorgesetzte, Beeinflussung durch Untergebene) von 190 US-amerikanischen Managern in seiner Abhängigkeit von organisatorischen Strukturvariablen (hierarchische Ebene, Organisationsgröße, Kontrollspanne).

Der in unserer Untersuchung verwandte Fragebogen Nr. 5 ist so gestaltet, daß er nach der Selbsteinschätzung der Manager auf der Ebene 1 fragt, aber die Ebene 2 das Entscheidungsverhalten des direkten Vorgesetzten beschreiben läßt. Das Selbsturteil der Ebene 1 kann somit dem Fremdurteil der Ebene 2 gegenübergestellt werden.

Fragebogen Nr. 6: „Allgemeines Entscheidungsverhalten". – Dieser Bogen ist allgemeiner als der eben beschriebene und erfaßt auf beiden Managementebenen das Selbsturteil über die Verwendung der fünf Entscheidungsmethoden „bei allen wichtigen Entscheidungen, die Sie zu treffen verantwortlich sind". Er provoziert also eine globalere Aussage über die Interaktionsmuster zwischen Ebene 1 und 2 im Urteil der Ebene 1 und zwischen der Ebene 2 und deren Untergebenen im Urteil der Ebene 2.

Mit einem weiteren Fragebogen (Nr. 7: „Horizontales Entscheidungsverhalten") sollte untersucht werden, inwieweit Manager sich genötigt sehen, neben der „vertikalen" Kooperation zwischen zwei hierarchischen Ebenen auch innerhalb einer Managementebene bei Entscheidungen kollegial zusammenzuarbeiten. Es handelt sich hier um eine Dimension, die bei den herkömmlichen Untersuchungen des Führungs- und Entscheidungsverhaltens meist vernachlässigt wird.

4.3.2 Auslastungsgrad und Zufriedenheit

Zu den Kernvariablen der Untersuchung gehören außer den Interaktionsmustern der diadischen Beziehung von Vorgesetzten und untergebenen Mitarbeitern noch der Auslastungsgrad (Fragebogen Nr. 8: „Ressourcennutzung") und die „allgemeine Zufriedenheit" (Fragebogen Nr. 14). Um zu erfassen, inwieweit die Teilnehmer ihre eigenen Fähigkeiten, Fertigkeiten und Erfahrungen von ihrem Unternehmen genutzt sahen, baten wir sie (beide Ebenen), sich im eigenen Betrieb „ideale" (d. h. realisierbar günstigste) technische, organisatorische, personelle und soziale Bedingungen vorzustellen: In welchem Maße könnten dann die eigenen Fähigkeiten, Fertigkeiten und Erfahrungen sowie die des engsten unterstellten Mitarbeiters besser genutzt werden? Die Antworten erfolgten durch Angabe eines Prozentsatzes. Abschließend wurden die Teilnehmer beider Ebenen gebeten, anhand von vier Likert-Skalen (7 Punkte: 1= sehr hoch, 7 = sehr niedrig) den Grad ihrer Zufriedenheit mit ihrer Arbeit und dem oberen Management anzugeben.

Peripherievariablen

4.3.3 Organisatorische Makrostruktur

Der Kontrolle makrostruktureller Einflüsse sollte vor allem durch die Art der Firmenauswahl Rechnung getragen werden. Firmen verschiedener Branchen- und Technologiezugehörigkeit, verschiedener Größenklassen und Organisationstypen (Verwaltungseinheiten, Produktionseinheiten) sowie verschiedener Eigentumsverhältnisse und Marktorientierung ermöglichen jeweils unterschiedliche analytische Betrachtungen.

4.3.4 Organisatorische Mikrostruktur

Neben diesen globalen, makrostrukturellen Rahmenbedingungen der Tätigkeit wurden spezifischere Funktions- und Tätigkeitsmerkmale erfaßt. Der Fragebogen Nr. 1 („Persönliche Merkmale") registrierte u. a. die Gesamtzahl unterstellter Mitarbeiter (Abteilungsgröße) und die Kontrollspanne.

Fragebogen Nr. 4 („Arbeitsbedingungen") forderte von beiden Ebenen eine Beschreibung der eigenen Tätigkeit mit Hilfe von 15 Likert-Skalen (7 Punkte: 1 = sehr wenig, 7 = sehr viel). Gefragt wurde u. a. nach der Intensität des Arbeitsdrucks, der Einengung denkbarer Alternativen durch Geschäftspolitik und überkommene Praxis, nach dem Ausmaß formeller Autorität gegenüber Mitarbeitern und der Intensität der Anforderungen durch Kundennachfragen. Jede der beiden Ebenen (E 1 und E 2) beantwortete die Fragen ausschließlich im Hinblick auf sich selbst.

Zur organisatorischen Mikrostruktur wurden außerdem die auf Ebene 2 verfügbaren menschlichen Ressourcen gerechnet. Ihre Erfassung erfolgte durch Fragebogen Nr. 3 („Ressourcen"), der die Manager der Ebene 1 hypothetisch vor die Situation stellte: „Wenn Sie heute befördert und mit einer anderen Arbeit betraut würden und Ihr engster unterstellter Mitarbeiter müßte morgen Ihre jetzige Stelle übernehmen, wieviel Zeit – wenn überhaupt – bräuchte *er*, um die notwendigen Fertigkeiten zu erwerben?" Hier wurden zur Beantwortung zwölf Merkmale vorgegeben und die Beantwortung erfolgte auf einer vorgegebenen Zeitskala, deren zehn Stufen von „praktisch keine Zeit" über „einen Monat", „drei Monate" usw. bis zu „würde es nie lernen" reichten. Die Manager der Ebene 2 dagegen wurden anhand der gleichen zwölf Zeitskalen gefragt, wie lange *sie selbst* bräuchten, um im Falle der Übernahme der Arbeit ihres Vorgesetzten dessen Tätigkeit im notwendigen Umfange anzueignen. Durch dieses spiegelbildliche Arrangement wurde also wiederum ein Vergleich des Selbst- und Fremdbildes – diesmal im Hinblick auf Ebene 2 – möglich.

4.3.5 Aufgabenstruktur

Insgesamt galt es, zwei Aspekte der Tätigkeit der Führungskräfte zu erfassen:

(I) die *engere* Umwelt und Aufgabenstellung der konkreten eigenen Arbeit mit ihren Anforderungen;

(II) die *weitere* Umwelt der eigenen beruflichen Tätigkeit im Sinne umfassenderer Umwelteinflüsse und Umweltveränderungen innerhalb der Wirtschaft.

Die im Beruf hauptsächlich ausgeübte Funktion wurde durch einige Fragen des Fragebogens Nr. 1 („Persönliche Merkmale") festgestellt. Zwölf Fragen des Fragebogens Nr. 2 („Arbeitsanforderungen") erfaßten darüber hinaus besondere Anforderungsmerkmale der eigenen Arbeit jeweils im Vergleich zur anderen Ebene. Die Manager der Ebene 1 wurden gefragt, inwieweit ihre Arbeit mehr oder weniger von zwölf Anforderungen verlangt als die Arbeit ihrer direkt unterstellten Mitarbeiter. Umgekehrt beantworteten die Manager der Ebene 2 die gleichen Fragen im Vergleich zu den Arbeitsanforderungen der Tätigkeit ihrer Vorgesetzten. Als Anforderungen wurden vorgegeben: Detailkenntnis fachlicher Probleme, Kontakt zu Menschen, Menschenkenntnis, Ideenreichtum, Selbstvertrauen, Verantwortung, Entscheidungsfähigkeit, Takt, Apasssungsfähigkeit, Durchsetzungsvermögen, Intelligenz, Initiative. Die Antworten wurden auf einer 5-Punkt-Likert-Skala gegeben. Die zwölf Merkmale sind mit denen des Fragebogens Nr. 3 („Ressourcen") identisch.

Fragebogen Nr. 4, der unter „organisatorischer Mikrostruktur" beschrieben wurde, gibt ebenfalls wichtige Aufschlüsse über den Wahrnehmungscharakter der engeren Arbeitsumwelt.

Zur Messung der weiteren Umwelteinflüsse wurden zwei Fragebögen benutzt: Fragebogen Nr. 9 („Umweltturbulenz") mit 10 Fragen (7-Punkte-Likert-Skalen) zu Einflüssen etwa aufgrund von Angebots- und Nachfragefluktuationen, veränderten Regierungsmaßnahmen (Steuern und Abgaben, Geldliquidität) und Fragebogen Nr. 10 („Veränderungserwartungen") mit drei Fragen (ebenfalls Likert-Skalen, 7 Punkte) über die Erwartungen künftigen Wandels im eigenen Industriezweig.

4.3.6 Personenmerkmale: Fertigkeiten, Erfahrungen und Einstellungen

Der Fragebogen Nr. 1 enthält neben Fragen zur Funktion und Verantwortung der Führungskraft außerdem noch einige Fragen über mehr biographische Merkmale wie das Alter, die Dauer der Firmenzugehörigkeit, wie lange die spezifische Funktion zum Zeitpunkt der Erhebung bereits ausgeübt wurde, sowie die Dauer der Zusammenarbeit mit dem Diadenpartner. Von diesen Merkmalen wurde vermutet, daß sie ein gewisses Maß für die innerbetrieblichen Erfahrungen darstellten. Komplettiert wurden sie durch die konkret auf den Ausbildungsstand und die Nutzung von Fortbildungsmöglichkeiten abhebenden Fragebogen Nr. 11 („Aus- und Fortbildung"), der gleichzeitig als Maß des Professionalisierungsgrades anzusehen ist.

Fragebogen Nr. 12 („Partizipationserwartungen") sollte auf Ebene 1 mit drei Skalen (5 Punkte-Likert-Skalen) die vermuteten Folgen für Entscheidungstempo und -qualität sowie die Auswirkungen auf Zufriedenheit und Arbeitsmoral der Mitarbeiter messen, falls „von morgen an" alle wesentlichen Entscheidungen auf dem Wege einer Konsensusfindung mit mehreren unterstellten Mitarbeitern getroffen würden. Auf Ebene 2 wurden die gleichen Fragen spiegelbildlich gestellt: was wären die Folgen, falls der Vorgesetzte „von morgen an" alle größeren Entscheidungen zusammen mit einer Gruppe von Mitarbeitern („Sie eingeschlossen") treffen würde.

Der Fragebogen Nr. 13 („Gründe der Kooperation") verlangte von den Managern beider Ebenen, eine Rangreihe aus fünf vorgegebenen Gründen

„für einen kooperativen Führungsstil“ zu bilden. Bei den Gründen handelt es sich um Motive, die im Rahmen eines Vortests (Heller 1971) von Managern häufig genannt wurden. Einstellungen und Werthaltungen zu den Problemen der Partizipation sollten durch diese beiden Bögen erfaßt werden.

4.3.7 Zusammenfassung

Insgesamt wurden im Rahmen der Untersuchung also 14 Fragebögen zur Erfassung der verschiedenen Variablengruppen verwandt. Diagramm 4–4 bringt eine synoptische Darstellung der 14 Bögen in ihrer Zuordnung zu den einzelnen Variablengruppen und gibt gleichzeitig ein hypothetisches Bild ihrer Beziehungen wieder. Es handelt sich dabei um eine operationalisierte Fassung des in Kapitel 3 entwickelten Kontingenzmodells der Untersuchung (Diagramm 3–1). Die Peripherievariablen (Kontingenzfaktoren) ließen sich neben der von uns gewählten Gruppierung des weiteren noch aufteilen in (quasi-)objektive Variablen – sie könnten indirekt ohne

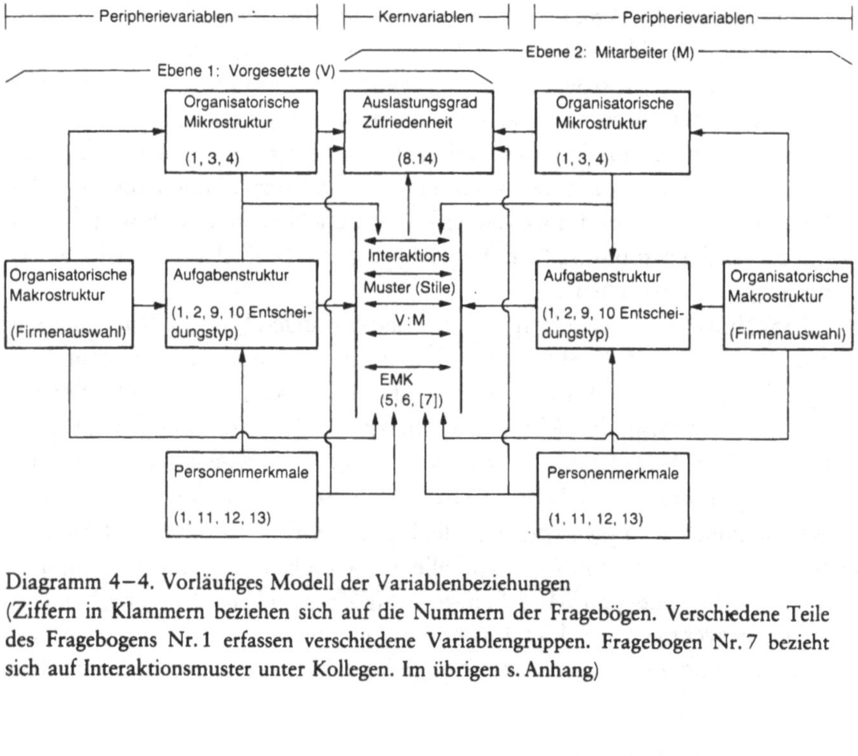

Diagramm 4–4. Vorläufiges Modell der Variablenbeziehungen
(Ziffern in Klammern beziehen sich auf die Nummern der Fragebögen. Verschiedene Teile des Fragebogens Nr. 1 erfassen verschiedene Variablengruppen. Fragebogen Nr. 7 bezieht sich auf Interaktionsmuster unter Kollegen. Im übrigen s. Anhang)

Befragung des Betroffenen durch Dritte erhoben werden (z. B. Alter, Abteilungsgröße) – und Wahrnehmungsvariablen – sie sind Bestandteil der phänomenalen Welt des Betroffenen und nur über seine direkte Befragung identifizierbar.

4.4 Güte der Erhebungsinstrumente

Ein Großteil der von uns verwendeten Fragebögen war bereits in den USA entwickelt worden und hatte seine Brauchbarkeit in einer Paralleluntersuchung in Großbritannien demonstriert (Heller 1972). So konnte Heller (1971) eine Re-Test-Verläßlichkeit des zentralen Erhebungsinstrumentes (Fragebogen Nr. 5) von $r = .82$ bei 32 Managern ($p < .01$, Intervall zwischen Test und Re-Test: 7 Wochen) nachweisen. Außerdem haben Heller und Yukl (1969) die Gültigkeit dieser Instrumente (Konstruktvalidität) in einer Untersuchung bei industriellen Führungskräften und Meistern sowie Studenten aufgezeigt; die Ergebnisse lagen alle in der vorhergesagten Richtung.

Besondere Aufmerksamkeit mußte daher in erster Linie der deutschen Fassung der Instrumente gewidmet werden. Alle Fragebögen wurden von einem Sozialwissenschaftler mit deutscher Muttersprache vom Englischen ins Deutsche übertragen. Danach erfolgte eine Rückübersetzung des deutschen Textes ins Englische von einem anderen Wissenschaftler (Muttersprache Englisch), der den ursprünglichen Wortlaut des englischen Fragebogens nicht kannte. Aufgrund dieser Rückübersetzung und der wichtigsten Abweichungen vom Original wurde nach längerer Diskussion zwischen den Übersetzern eine Reihe von Änderungen im deutschen Text vorgenommen. Leitender Gesichtspunkt bei diesen Übersetzungsschritten war es, eine möglichst große Bedeutungsnähe zwischen dem englischen Original und der deutschen Fassung zu erstellen. Bedeutungsäquivalenz hatte den Vorrang vor wortgetreuer Übersetzung. Die so erstellte deutsche Fassung wurde einem Vortest mit einer Gruppe von zwölf Managern und Sozialwissenschaftlern unterzogen. Dieser Vortest geschah unter „Realbedingungen", d. h. alle Instruktionen zum Ausfüllen der Bögen wurden wie in der späteren Erhebungssituation mit Hilfe einer Tonbandaufzeichnung gegeben und die standardisierte Vorgehensweise wurde strikt eingehalten. Gleichzeitig wurden die Teilnehmer jedoch von der Funktion des Vortests unterrichtet: es gehe darum, unverständliche Formulierungen der Instruktionen auszumerzen und unklare Begriffe der Fragenformulierungen prägnanter zu fassen. Diese Diskussion der Fragebögen führte zu einer Reihe kleinerer Anpassungen, die in die nach dem Vortest erstellte deutsche Endfassung eingingen.

Der Sinn dieser relativ umständlichen Erhebungsvorbereitungen lag in erster Linie daran, Instrumente zu entwickeln, die den theoretisch zu fordernden Messungen bestimmter Variablen angemessen waren. Daneben stand von vornherein die Absicht, zu einem späteren Zeitpunkt, die Ergebnisse der parallel laufenden Erhebungen in anderen Ländern mit den deutschen Resultaten zu vergleichen. Vergleichsschwierigkeiten, die aus Übersetzungsfehlern entstehen könnten (Ervin und Bower 1952, Schöllhammer 1969), sollten soweit wie möglich von vornherein vermieden werden.

Der Vortest hatte eine ausreichende Eindrucksgültigkeit (face validity) der Bögen gezeigt, da die Fragen im ganzen als sinnvoll, relevant und klar formuliert empfunden wurden. Sehr viel wichtiger waren jedoch ähnliche Reaktionen der Manager, die an den Erhebungen selbst teilnahmen. Die Erläuterungen in der dritten Phase der Gruppen-Feedback-Analyse (Erörterung der eigenen Ergebnisse) demonstrierten durchgängig, daß die Fragen im konkreten Kontext der Arbeit von Führungskräften der Industrie als bedeutungsvoll erlebt wurden. Die Tatsache, daß die Manager aus dreiviertel aller teilnehmenden Unternehmen eine zusätzliche und umfassendere Rückkopplung der eigenen Firmenergebnisse verlangten, mag als weiterer Beleg für die Eindrucksgültigkeit der Instrumente gelten.

Faktorenanalysen[3] vermittelten zusätzliche Einsichten in die Qualität der Erhebungsinstrumente. Eine Varimax Rotation der Faktoren im Fragebogen Nr. 2 („Arbeitsanforderungen") auf der Basis der Resultate beider Ebenen (N = 301) ergab eine Drei-Faktorenlösung, die 63% der Varianz erklärte und sinnvoll interpretiert werden konnte:

Faktor 1: „Unternehmerqualitäten" (33% der Varianz erklärt)
Hohe Faktorenladungen[4] in den Items:

4. Ideenreichtum
5. Selbstvertrauen
6. Verantwortung
7. Entscheidungsfähigkeit
10. Durchsetzungsvermögen
12. Initiative

[3] Die Faktorenanalysen wurden mit Hilfe des von Cooper (1972) entwickelten ROTAFAC-Programms durchgeführt.

[4] Gewählt wurden Ladungen mit > .5.

Faktor 2: „Fachliche Kompetenz" (12% der Varianz erklärt)
Hohe Faktorenladung in den Items:
1. Detailkenntnis fachlicher Probleme[5]
11. Intelligenz

Faktor 3: „Zwischenmenschliche Qualitäten" (18% der Varianz erklärt)
Hohe Faktorenladungen in den Items:
2. Kontakt zu Menschen
3. Menschenkenntnis
8. Takt
9. Anpassungsfähigkeit

Dieses Resultat rechtfertigte die Entscheidung, im Interesse einer sinnvollen und ökonomischen Datenreduktion alle weiteren statistischen Analysen auf der Basis dieser drei Faktoren durchzuführen: die Ergebnisse der einzelnen Fragen (Items) innerhalb eines Faktors wurden gemittelt und als neuer aggregierter Indikator weiteren statistischen Auswertungen unterzogen. Anstelle der Bildung von Faktoren-Scores werden im folgenden also „auf Faktoren basierende Scores" (Alwin 1973) gebildet. Die einzige willkürliche Änderung bestand darin, daß Item Nr. 3 (Menschenkenntnis) dem Faktor 3 (Zwischenmenschliche Qualifikationen) zugeschlagen wurde, obwohl er auf Faktor 1 etwas höher lud. Dies schien einmal theoretisch und zum anderen aufgrund der geringen Unterschiede in den Faktorenladungen (.57 auf Faktor 1 und .47 auf Faktor 3) angebracht.

Die Faktorenanalyse des Fragebogens Nr. 3 („Ressourcen"), der auf den gleichen zwölf Items beruht wie Fragebogen Nr. 2, ergab eine ganz ähnliche Faktorenstruktur (73% erklärter Varianz), die jedoch an charakteristischen Punkten vom Fragebogen Nr. 2 abweicht:

Faktor 1: „Unternehmerqualitäten" (32% der Varianz)
Items:
1. Detailkenntnis fachlicher Probleme
5. Selbstvertrauen
6. Verantwortung
7. Entscheidungsfähigkeit
10. Durchsetzungsvermögen

Faktor 2: „Kreativität" (20% der Varianz)
Items:
4. Ideenreichtum

[5] Einzige Ladung unter .5: .485.

11. Intelligenz
12. Initiative

Faktor 3: „Zwischenmenschliche Qualitäten" (21% der Varianz)
Items:
2. Kontakt zu Menschen
3. Menschenkenntnis
8. Takt
9. Anpassungsfähigkeit

Faktor 3 („Zwischenmenschliche Qualitäten") ist in beiden Fragebögen identisch: Faktor 1 („Unternehmereigenschaften") ist in beiden Fragebögen sehr ähnlich. Nur Faktor 2 („Fachliche Intelligenz" in Fragebogen 2 und „Kreativität" in Fragebogen 3) ist in den beiden Bögen verschieden. Die Gründe dürften in der unterschiedlichen Fragerichtung der Bögen liegen: Während Fragebogen Nr. 2 einen Vergleich der Anforderungsmerkmale beruflicher Tätigkeit zwischen zwei Managementebenen verlangt, geht es im Fragebogen Nr. 3 darum, die Qualifikation der Ebene 2 für die Übernahme der Funktion des Vorgesetzten zu erfassen. So könnte es durchaus sein, daß beim Vergleich zweier Arbeitsbereiche (des Vorgesetzten und des Mitarbeiters) andere Aspekte relevant sind als bei der Fremd- und Selbstbeurteilung vorhandener Qualifikationen zur Übernahme einer Vorgesetztentätigkeit. Es wäre denkbar, daß schöpferische Vitalität (Kreativität) unter einer solchen Fragestellung zu einer wesentlichen Determinanten der Urteilsbildung wird und die fachliche Qualifikation mehr als notwendiger Bestandteil einer Unternehmerqualifikation erlebt wird als dies beim Arbeitsplatz- oder Funktionsvergleich der Fall ist. Wie im Falle des Fragebogens Nr. 2 wurde auch hier die weitere Analyse auf der Basis der faktorenanalytisch gewonnenen Indikatoren vorgenommen.

Die Faktorenanalyse des Fragebogens Nr. 4 („Arbeitsbedingungen") ergab folgende Vier-Faktoren-Struktur (44% erklärter Varianz):

Faktor 1: Autoritätsumfang (11%)
Items:
5. Formelle Autorität über Mitarbeiter
8. Personalhoheit
15. Disziplinargewalt

Faktor 2: Organisatorischer Dispositionsspielraum (12%)
Items:

2. Geschäftspolitische Begrenzungen
3. Tradition
4. Technische, finanzielle Begrenzungen

Faktor 3: Arbeitsdruck (10%)
Items:
9. Mehr Mitarbeiter
13. Sofortaufgaben
(6). Fehleraufdeckung
(12). Formalorganisation der Gruppe

Faktor 4: Zeitdruck (11%)
Items:
1. Arbeitsdruck
7. Zeitmangel
14. Gefordertes Leistungstempo

Die Items 6 (Fehleraufdeckung), 10 (Technisches Wandlungstempo), 11 (Kundenanforderungen) und 12 (Formalorganisation der Arbeitsgruppe) wurden wegen zu geringer Faktorenladungen ganz fallen gelassen und bei der Bildung der Indikatoren nicht weiter berücksichtigt.

Die Daten des Fragebogens Nr. 9 („Umweltturbulenz") schließlich zeigten eine optimale Faktorenstruktur auf der Basis einer Zwei-Faktorenlösung (46% erklärter Varianz):

Faktor 1: Allgemeine Unsicherheit (24%)
Items:
3. Nachfragefluktuation
4. Rohproduktfluktuation
5. Technische Neuerungen
7b. Sonstige Fluktuationen
8a. Allgemeine Unberechenbarkeit und Ungewißheit
8b. Rate und Tempo des Wandels

Faktor 2: Regierung und Geld (22%)
Items:
1. Regierungsanordnungen, Richtlinien
2. Steuer- und Abgabenpolitik
6a. Fiskalische Fluktuation durch Geschäftspolitik
6b. Fiskalische Fluktuation durch Regierungspolitik

Diese empirisch gefundene Faktorenstruktur entspricht genau den theoretischen Vorüberlegungen, die bei der Entwicklung der Fragebögen angestellt wurden.

Neben diesen faktorenanalytischen Bestätigungen der Instrumentengültigkeit zeigen Interkorrelationen der Daten einzelner Items innerhalb eines Fragebogens sowie die Korrelation von Itemwerten mit dem Gesamtdurchschnitt der Werte eines Fragebogens eine beachtliche interne Konsistenz (s. Tab. 4–2 und 4–3).

Tab. 4–2. Interkorrelation der faktorenanalytisch gewonnenen Indikatoren des Fragebogens Nr. 2 („Arbeitsanforderungen" E1, N = 106)

	A	B	C	D
A. Fachliche Detailkenntnis[6]	–			
B. Fachliche Kompetenz	.66**	–		
C. Zwischenmenschliche Qualitäten	.24*	.41**	–	
D. Unternehmerqualitäten	.23*	.51**	.36**	–
E. Gesamtdurchschnitt aller 12 Fragen	.51**	.86**	.69**	.80**

Vergleichbar ist die Interkorrelation des Fragebogens Nr. („Ressourcen").

Tab. 4–3. Interkorrelation der faktorenanalytisch gewonnenen Indikatoren des Fragebogens Nr. 3 („Ressourcen", E1, N = 106)

	A	B	C
A. Unternehmerqualitäten	–		
B. Zwischenmenschliche Qualitäten	.49	–	
C. Kreativität	.32	.22	–
D. Durchschnitt aller 12 Fragen	.88	.75	.57

Über die faktorenanalytische Bestätigung theoretischer (a priorischer) Konstrukte und die korrelationsstatistisch ausgewiesene interne Konsistenz einzelner Fragebögen hinaus konnten außerdem hohe Korrelationskoeffizienten zwischen den Ergebnissen verschiedener Fragebögen erwartet werden, die zur Messung ähnlicher Sachverhalte benutzt wurden. Dies galt in erster Linie für die Fragebögen Nr. 5 („Spezielles Entscheidungsverhalten") und Nr. 6 („Allgemeines Entscheidungsverhalten").

[6] Die erste Frage nach den Anforderungen fachlicher Detailkenntnisse wurde als individuelle Frage in die Korrelation mit den Indikatoren einbezogen.

Ein geeigneter Weg, dies zu erhärten, besteht darin, die „zentrale Tendenz“ des Führungsverhaltens eines Managers in einem einzelnen Wert zu erfassen und diese Werte korrelationsstatistisch zu vergleichen. Zu diesem Zweck wurde ein Maß für die Entscheidungs-Zentralisation, das „Decision-Centralization-Score“ (DCS) entwickelt. Das DCS beruht in erster Linie auf einer Gewichtung der fünf Entscheidungsmethoden von 5–1, d. h. die individuellen Werte für Methode I werden mit 5, die Werte für Methode II mit 4, Methode V mit 1 gewichtet. Die so gewonnenen Werte werden summiert und durch 100 dividiert. Ein Manager, der für eine bestimmte Entscheidung folgende Prozentverteilung angibt:

Stil	I	II	III	IV	V
%	40	30	20	10	–

hätten danach ein

$$DCS = \frac{(5 \times 40) + (4 \times 30) + (3 \times 20) + (2 \times 10) + (1 \times 0)}{100} = 4{,}0.$$

Maximale Zentralisation (d. h. ausschließlicher Gebrauch der Entscheidungsmethode I: Entscheidung ohne Erläuterung) hätte demnach einen DCS-Wert von 5,0 und völlige Delegation der Entscheidung auf Mitarbeiter (Stil V) einen Wert von 1,0. Dieses Vorgehen impliziert zwar die empirisch nicht belegte Annahme von etwa gleichen Abständen der fünf Methoden auf dem Einfluß-Macht-Kontinuum, der Wert des Verfahrens zeigt sich jedoch im konkreten Umgang mit diesem Index. So korrelieren die durchschnittlichen DCS-Werte der einzelnen Entscheidungskategorien DEP, EMP, SUB und SPEC (alle zwölf Entscheidungen zusammen) von Fragebogen Nr. 5 einerseits und die DCS-Werte des Fragebogens Nr. 6 wie folgt:

Tab. 4–4. Interkorrelation der DCS-Werte verschiedener Entscheidungskategorien (Fragebogen Nr. 5) und Fragebogen Nr. 6 (E1, N = 106; alle Koeffizienten p = < .01)

	DEPT	EMP	SUB	SPEC
DEPT–DCS	–			
EMP –DCS	.60	–		
SUB –DCS	.35	.57	–	
SPEC –DCS[7]	.66	.93	.79	–
Fragebogen Nr. 6	.50	.60	.48	.65

[7] Durchschnitt aller 12 Entscheidungen.

4.5 Zusammenfassung

Für die Qualität der Erhebungsinstrumente selbst kann eine nicht unbedeutende Anzahl von Belegen ausgewiesen werden. Dennoch müssen einige der sachimmanenten Begrenzungen der Methodik im Auge behalten werden.

Zum einen fehlen bislang Normwerte, an denen allfällige Abweichungen bewertet werden könnten. Andererseits war es nicht Absicht dieser Arbeit, einen stadardisierten Test zur Messung des Führungsverhaltens zu entwickeln. Vielmehr geht es darum, die Richtung und Größe des gegenseitigen Einflusses oder der Kovarianz bestimmter Variablengruppen bei industriellen Führungskräften aufzudecken.

Zweitens genügen die in der Untersuchung häufig verwendeten Likert-Skalen vor allem wegen der ungesicherten Gleichabständigkeit der einzelnen Skalenschritte nicht allen mathematischen Voraussetzungen der Korrelationsstatistik, der Faktorenanalyse und spezieller statistischer Tests. Dies ist eine empirische Lösung (Cronbach und Gleser 1953), die diese Arbeit mit den meisten vergleichbaren Untersuchungen teilt. Aber in erster Linie interessiert hier wiederum die Richtung der gefundenen Regelhaftigkeiten und nicht so sehr deren präzises Ausmaß.

Eine gewisse Schwäche besitzt, wie Heller (1971) bereits ausgeführt hat, der ipsative Charakter der Prozentskalen in den Fragebögen Nr. 5, Nr. 6 und Nr. 7. Dies bedeutet, daß die Begrenzung der fünf verschiedenen Antwortmöglichkeiten (die Verteilung von Prozentangaben über den Gebrauch der fünf Entscheidungsmethoden) auf insgesamt 100 (Prozent) den Freiheitsraum möglicher weiterer Antworten mit der ersten Vergabe eines Prozentsatzes einschränkt: in dem Moment, wo ein Manager sagt, er wende Methode I in 10% aller Fälle an, verbleiben ihm nur noch insgesamt 90% für die anderen vier Methoden. Dies grenzt die Verläßlichkeit von statistischen Tests und Korrelationsrechnungen ein.

Die Auswahl der mitwirkenden Führungskräfte selbst, 301 leitende Mitarbeiter großer Industrieunternehmen der Bundesrepublik, läßt im strikten Sinne konkrete Schlüsse nur auf die hier untersuchten Führungskräfte und die zugehörigen Unternehmen zu, es sei denn, anderweitige Forschungen legen es nahe, für unsere Ergebnisse einen allgemeineren Gültigkeitsgrad anzunehmen.

Ein wichtiger Unterschied im methodischen Ansatz dieser Untersuchung zu den herkömmlichen industrie- und organisationspsychologischen Fragebogenerhebungen liegt in dem der Gruppen-Feedback-Analyse charakteristischen Daten-Rückkopplungsprozeß. Die Gruppendiskussion über die Ergebnisse wenigstens eines Teils der insgesamt vierzehn verwendeten Fragebögen trägt in doppelter Hinsicht Früchte: sowohl für die Erweiterung der verfügbaren Datenbasis durch die inhaltsanalytisch aufschlußreiche Diskussion und Interpretation der firmenspezifischen Gruppenergebnisse, als auch für die direkte Verwertbarkeit der Erhebungsergebnisse in jeweils unterschiedlichen Führungs- und Organisationsproblemen des Unternehmensalltags. Die Gruppen-Feedback-Analyse scheint hier neuen Boden zu brechen für ein gegenseitig fruchtbares Miteinander traditioneller Forschungsverfahren und brennender Praxisbedürfnisse. Zumindest in Ansätzen dürfte es mit diesem Vorgehen gelingen, die scheinbar unüberbrückbare Kluft nomothetischer und ideographischer Vorgehensweisen miteinander zu verbinden.

5. Ergebnisse: Beschreibende Darstellung

Die Befunde der empirischen Erhebungen werden im folgenden unter drei Aspekten behandelt:

(1) Darstellung der Durchschnittsergebnisse aller an der Untersuchung teilnehmenden Manager (dieses Kapitel)

(2) Analytische Betrachtung der Variableninterdependenzen: Überprüfung der dieser Untersuchung zugrundeliegenden Hypothesen (Kapitel 6)

(3) Ergänzungen der Fragebogenergebnisse durch weitere qualitative Daten aus der Feedbackdiskussion, welche die Einzelbefunde zusätzlich validieren oder relativieren.

In Kapitel 7 folgt dann eine zusammenfassende Diskussion der Ergebnisse in ihrer Bedeutung für die Praxis der Führung von Organisationen, für die Organisationstheorie und künftige Forschungsorientierung.

5.1 Merkmale der befragten Führungskräfte (Personenmerkmale)

In Kapitel 4 wurde bereits ausgeführt, daß insgesamt 106 Paare leitender Führungskräfte (Ebene 1 = E1) und deren engste Mitarbeiter (Ebene 2 = E2) aus 17 deutschen Firmen an der Untersuchung teilnahmen. Als Ebene 1 wurde die der Geschäftsleitung oder dem Vorstand direkt unterstellte hierarchische Ebene definiert. Ebene 2 ist dann die wiederum der Ebene 1 direkt unterstellte Ebene. Damit entspricht unsere Ebene 1 in etwa der „zweiten Ebene" der von Brinkmann, Rippe und Garding (1972) durchgeführten Untersuchung über Qualität und Quantität des Bedarfs an Führungskräften der Wirtschaft Nordrhein-Westfalens. Ähnlich entsprechen unsere Ebenen 1 und 2 auch den „hierarchischen Ebenen 2 und 3" der Untersuchung von I. Lukatis (1972). Ebenso wie Brinkman et al. versuchten wir, möglichst alle Führungskräfte der Ebene 1 für eine Mitwirkung an unseren Erhebungen zu gewinnen.

Schlüsselt man die befragten Führungskräfte nach Altersgruppen auf, so ergibt sich folgendes Bild:

Tab. 5–1. Alter der Befragten

Alter	E1	E2
bis 30 Jahre	keine	12%
31 bis 45 Jahre	50%	53%
46 bis 60 Jahre	44%	33%
über 60 Jahre	6%	3%
Durchschnittsalter	45,8 Jahre	43,2 Jahre

Diese Altersverteilung ist bis auf geringfügige Abweichungen identisch mit der Altersverteilung der befragten Führungskräfte in der Untersuchung Zeidlers (1972). Zeidler unterscheidet in seiner Auswahl 90 Modellpositionsinhaber (MPI) und 605 Interaktionspartner (I). Die Modellpositionsinhaber wurden aus 90 Firmen ausgewählt und verteilten sich auf sechs kaufmännische Funktionsbereiche. Der Produktionsbereich und technische Funktionen wie Forschung und Entwicklung wurden bewußt ausgelassen. Für jeden dieser 90 Modellpositionsinhaber wurden durchschnittlich etwa sieben Interaktionspartner aus derselben Firma ausgewählt und ebenfalls befragt. Sie rekrutierten sich aus Vorgesetzten, Mitarbeitern, Kollegen und anderen Unternehmensangehörigen. Zeidler kommt mit dieser Methode zu einem Netzwerk diadischer Beziehungen zwischen Modellpositionsinhabern und zugeordneten Interaktionspartnern. Seine Vorgehensweise ist wegen des diadischen Auswahlprinzips unserem Verfahren der Führungskräfteauswahl recht ähnlich. Dennoch überrascht die Übereinstimmung der Altersverteilung zwischen Zeidlers MPI[1] und unserer Ebene 1 sowie seiner Interaktionspartner und unserer Ebene 2, da seine Modellpositionsinhaber (zwei Gruppen: „obere" und „untere Führungskräfte") und seine Gruppe „Interaktionspartner" notwendigerweise wenigstens 3 hierarchische Ebenen umfaßten. Ob die Altersverteilung von industriellen Führungskräften in Deutschland unabhängig von industriellen Organisationen und Funktionsbereichen recht ähnlich ist, kann hier

[1] Tab. 113 bei Zeidler: Charakterisierung der Befragten nach dem Alter (in %)

Alter	Befragte	
	MPI (N = 90)	I (N = 605)
bis 30 Jahre	–	11
bis 45 Jahre	50	49
bis 60 Jahre	44	33
über 60 Jahre	6	6
keine Angabe	–	1

nicht entschieden werden. Vorläufig muß angenommen werden, daß die vorgefundene Ähnlichkeit zufällig zustande kam. Diese globale Frage ist ohnehin relativ bedeutungslos, denn auch für die Auswahl unserer Führungskräfte gilt, was Hartmann et al. (1973) über ihre Untersuchung ausführen: „Die genaue Größe und Beschaffenheit dieser Grundgesamtheit (leitende Angestellte) sind uns wie allen anderen Interessenten an diesem Thema unbekannt, und sie werden es voraussichtlich lange Zeit bleiben."

Das „Betriebsalter" (Dauer der Zugehörigkeit zum Unternehmen) unserer Teilnehmer mutet sehr hoch an: etwa 30% der Ebene 1 und 40% der Ebene 2 waren seit 10 bis 19 Jahren im gleichen Unternehmen tätig. Die 305 leitenden Angestellten der Untersuchung von Hartmann et al. wiesen jedoch ein noch höheres Betriebsalter auf: Knapp 50% arbeiteten in ihren Unternehmen bereits 10 bis 19 Jahre mit.

Im Durchschnitt gehörten unsere Vertreter der Ebene 1 seit 16,2 Jahren ihrer jetzigen Firma an (E2 = 14,9 Jahre) und übten ihre Funktion zum Zeitpunkt der Untersuchung seit 6,1 Jahren aus (E2 = 5,9 Jahre), die sie um ihr 40. Lebensjahr (E2 = ca. 47. Lebensjahr) übernommen hatten. Beide Ebenen arbeiteten im Schnitt seit 5 Jahren zusammen. Manager der Ebene 1 brauchten also durchschnittlich 10,1 Jahre bis sie ihre Posten gewinnen konnten (E2 = 9 Jahre).

Wie die Arbeit von Zapf (1965) zeigt, sind Vorstandsmitglieder großer deutscher Unternehmen vergleichsweise etwa 15 Jahre älter und übernehmen ihr Amt im Durchschnitt mit etwa 47 Jahren. Die Dauer ihrer Konzernzugehörigkeit betrug etwa 17,9 Jahre. Die „Direktor"-Position (in etwa unsere Ebene 1) übernahmen sie im Verlauf ihres 42. Lebensjahres. Bei der Untersuchung von Zapf handelt es sich ausschließlich um Vorstandsmitglieder der 50 (umsatzmäßig) größten Unternehmen Westdeutschlands; die Unternehmen in unserer Untersuchung gehören zwar zu den größten ihrer Branche, sind insgesamt jedoch kleiner als die in der Studie von Zapf. Berücksichtigt man diesen Unterschied, so liegen die Amts-Antrittsalter für die „Direktoren"-Positionen einleuchtend nahe beieinander (40 bzw. 42 Jahre): in den größten Unternehmen dauert es etwas länger, bis man Spitzenpositionen erklommen hat, als in den großen.

Der Stand der Berufsausbildung ist bei den beiden Ebenen verschieden; während 16% der Ebene 1 einen Fachhochschul- und 39% einen Universitätsabschluß besitzen, sind es bei Ebene 2 jeweils nur 17 bzw. 20%. Dies liegt unter den Zahlen der Auswahl von Hartmann et al. (1973), die zu mehr als zwei Dritteln aus Hochschulabsolventen bestand. Der Anteil der Universitätsabsolventen in der Auswahl von Zeidler lag bei 31% bzw.

44%, also in der Größenordnung unserer Auswahl. In zwei anderen Studien (Hartmann, 1959, und Hartmann und Wienold, 1967), die sich ausschließlich auf Geschäftsführer und Vorstandsmitglieder bezogen, hatten mindestens 31% bzw. 27% dieser Auswahlen einen Universitätsabschluß. Auch eine Mitgliederbefragung der Arbeitsgemeinschaft selbständiger Unternehmer (1967) ergab einen Anteil von Mitgliedern mit Universitätsabschluß von 35,5%. In der Größenordnung des Akademikeranteils ist mit unserer Auswahl auch die von Kruk (1967), der von 31,6% berichtet.

Die Führungskräfte unserer Untersuchung nehmen es mit ihrer eigenen Fort- und Weiterbildung recht ernst. In Fragebogen Nr. 11 erhoben wir Daten zu den Lesegewohnheiten der Manager. Wir fragten, welche berufsbezogenen, Fach- oder allgemeinbildenden Zeitschriften sie abonniert haben oder regelmäßig lesen. Es handelte sich hier um eine offene Frage, und die Befragten wurden gebeten, die Titel der Zeitschriften anzugeben. Läßt man in der Auswertung die häufig genannten Tageszeitungen (etwa „Handelsblatt", „Frankfurter Allgemeine") außer acht und zählt nur die namentlich aufgeführten Zeitschriften (d. h. Nennungen wie „Lektüre mehrerer Zeitschriften regelmäßig" wurden nicht gezählt), so ergibt sich ein recht eindrucksvolles Bild (Tab. 5–2).

Tab. 5–2. Lektüregewohnheiten: berufsbezogene Fach- und allgemeinbildende Zeitschriften

Zahl der regelmäßig gelesenen Zeitschriften	E1 N	E1 %	E2 N	E2 %
drei oder mehr	99	75,6	111	65,3
zwei	17	13,0	22	12,9
eine	10	7,6	17	10,0
keine	5	3,8	20	11,8
	131	100	170	100
Durchschnittliche Zeitschriftenzahl	5.0 Zeitschriften		3.6 Zeitschriften	

Zählt man nur die drei populärsten allgemeinen Managementszeitschriften („Plus", „Capital", „Manager Magazin"), so zeigt sich, daß 16% der Manager der Ebene 1 und 8,2% der Ebene 2 diese als regelmäßige Lektüre angeben. Zählt man die Nennungen von „Fortune", „Harvard Business Review" und „Harzburger Heften" zu den drei oben erwähnten Populärmagazinen hinzu, dann ergibt sich, daß jeder vierte unserer befragten Führungskräfte (E1 = 26%, E2 = 24,7%) wenigstens eine dieser sechs allgemeinen Management-Zeitschriften regelmäßig liest.

Fachzeitschriften bilden jedoch den Hauptanteil regelmäßiger berufsbezogener Lektüre. Dabei überrascht auf den ersten Blick, daß die Lesegewohnheiten der beiden Managementebenen innerhalb einer Firma durchaus verschieden sind. In einem Unternehmen tauchten unter insgesamt 36 genannten Zeitschriften nur zwei in beiden Ebenen auf; die größte Überschneidung, die wir in unseren Unternehmen feststellen konnten, ergab, daß nur 10 von insgesamt 30 Fachzeitschriften auf beiden Ebenen der Firma gelesen wurden. Eine genauere Betrachtung der genannten Titel zeigt dann jedoch, daß Manager der Ebene 1 sich mehr auf berufsrelevante, allgemeine Fachzeitschriften (Gesetzblätter, Brancheninformationsdienste) und Manager der Ebene 2 sich mehr auf hochspezialisierte, technisch orientierte Zeitschriften konzentrieren.

Große Unterschiede bestehen in den Lesegewohnheiten der Manager verschiedener Firmen. Die durchschnittliche Zahl der pro Firma genannten Fachzeitschriften ist im Manufakturbereich etwas höher (34,1) als im Dienstleistungsbereich (26,6) und reicht insgesamt von 14 bis zu 65 verschiedenen Zeitschriften.

Es zeigt sich also, daß die Auswahl unserer Führungskräfte recht umfangreiche Lesegewohnheiten hat. Freilich ist es nicht einfach festzustellen, wie intensiv die Lektüre jeweils betrieben wird. Es kann jedoch kein Zweifel daran bestehen, daß der regelmäßige Zugang zu Fachzeitschriften noch erheblich größer ist, als es in diesen Zahlen zum Ausdruck kommt. 20,6% der Manager der Ebene 1 (E2 = 18%) fügten im Anschluß an die spezifische Nennung mehrerer Zeitschriften eine Bemerkung an wie etwa: „und noch viele andere mehr". Sofern Zahlen genannt wurden, reichten sie von 3 bis 25. Solche allgemeinen Anmerkungen wurden nicht bei unserer Auswertung berücksichtigt. Der Grund für derartig hohe Zahlen liegt in einer Förderungsmaßnahme, die bei den untersuchten Firmen sehr verbreitet schien: die Firma selbst abonniert eine große Anzahl relevanter Fachzeitschriften und stellt sie im Umlaufverfahren ihren leitenden Mitarbeitern zur Verfügung.

Fortbildungsmaßnahmen außerhalb des Industriezweiges scheinen gegenüber entsprechenden Kursen innerhalb der eigenen Branche etwas bevorzugt zu werden. Wie außerdem aus Tab. 5–3 hervorgeht, nehmen Führungskräfte der Ebene 1 etwas mehr an derartigen Ausbildungsaktivitäten teil als ihre direkt unterstellten Mitarbeiter.

Unsere Prozentsätze von Managern, die an Fortbildungskursen teilgenommen haben, liegen erheblich höher als die entsprechenden Zahlen von Unternehmern, die Kruk (1972) berichtet: nur etwa jeder vierte nahm an

Tab. 5–3. Besuch von Fortbildungsmaßnahmen

Zahl der innerhalb des Industriezweiges besuchten Kurse	E1		E2	
	N	%	N	%
zwei oder mehr	28	26,5	37	25,2
einer	26	24,5	25	17,0
keiner	52	49,0	85	57,8
	106		147	

Zahl der außerhalb des Industriezweiges besuchten Kurse	E1		E2	
	N	%	N	%
zwei oder mehr	40	37,7	40	27,2
einer	19	18,0	35	23,8
keiner	47	44,3	72	49,0
	106		147	

entsprechenden Veranstaltungen teil; bei stellvertretenden Vorstandsmitgliedern jedoch bereits 37,4%.

Die Ergebnisse über Einstellungen und Grundhaltung zur Partizipation (Fragebögen Nr. 12 und 13), die wir auch zu den Personenmerkmalen rechneten, werden weiter unten im Zusammenhang mit den Ergebnissen über die Entscheidungsstile dargestellt.

5.2 Aufgaben- und Tätigkeitsstruktur

Die Verteilung der Manager auf verschiedene berufliche Funktionsbereiche geht aus Tab. 5–4 hervor.

Falls eine Führungskraft mehrere Funktionen ausübte, sollte sie diejenige angeben, mit der sie vorwiegend befaßt war. So konnte es sein, daß ein Teilnehmer der 1. Ebene für mehrere Funktionsbereiche zuständig war (etwa für Verkauf, Finanzwesen und allgemeine Verwaltung), während sein engster Mitarbeiter (immer der formelle oder informelle Stellvertreter des Vorgesetzten) nur für einen Teilbereich (Verkauf) verantwortlich zeichnete. Daraus erklären sich die unterschiedlich großen Gruppen der Ebenen 1 und 2 in einzelnen Funktionsbereichen. Andere Untersuchungen, die eine Aufschlüsselung vergleichbarer Führungskräfte auf die von uns erfaßten Funktionsbereiche vornehmen, bestehen nicht. Von daher ist es

Tab. 5–4. Verteilung der teilnehmenden Manager auf Funktionsbereiche

Funktion	E1		E2	
	N	%	N	%
1. Allgemeines Management	9	8,5	7	6,6
2. Produktion, Ingenieuraufgaben	31	29,2	34	32,1
3. Verkauf, Marketing	14	13,2	8	7,5
4. Finanzwesen, Buchhaltung	13	12,3	14	13,2
5. Forschung, Entwicklung	6	5,7	3	2,8
6. Einkauf, Lagerhaltung	10	9,4	11	10,4
7. Büro-Organisation, Verwaltung	5	4,7	5	4,7
8. Industrial Engineering, Qualitätskontrolle, EDV	5	4,7	5	4,7
9. Personalwesen, Arbeitgeber-Arbeitnehmerbeziehungen, Aus- und Fortbildung	10	9,4	13	12,3
10. Sonstiges	3	2,8	6	5,7
Zahl der Manager im Sample	106		106	

schwierig, die Repräsentativität unserer Teilnehmerauswahl in diesem Bereich zu verallgemeinern.

Das Ergebnis auf die Frage nach den Anforderungsunterschieden der eigenen Tätigkeit im Vergleich zur Tätigkeit des direkten Vorgesetzten oder des direkt unterstellten Mitarbeiters zeigt, daß im großen und ganzen jeder von dem größeren Anforderungsdruck der eigenen Arbeit überzeugt ist (Tab. 5–5). Ausnahmen bilden die Dimensionen Verantwortung und Entscheidungsfähigkeit sowie – überraschenderweise – Intelligenz. Im Schnitt gestehen die Vorgesetzten ihren Mitarbeitern allenfalls bei Detailkenntnissen fachlicher Probleme ein gleich hohes Anforderungsniveau der Arbeit zu. Außerdem sind die Vorgesetzten weitaus mehr davon überzeugt als ihre Untergebenen, daß ihre Arbeit mehr der einzelnen Merkmale verlangt: die durchschnittlichen Abweichungen vom Neutralpunkt „etwa gleich" sind bei der Ebene 1 erheblich größer als bei Ebene 2. Wie aus den besonders niedrigen Werten einzelner Anforderungen hervorgeht, scheinen der Ebene 1 offenbar Anforderungen, die man als Unternehmerqualitäten bezeichnen könnte, – Selbstvertrauen, Verantwortung und Durchsetzungsvermögen – besonders wichtig zu sein.

Beide Untersuchungsebenen unterscheiden sich nicht signifikant hinsichtlich ihrer Beurteilung der Unsicherheits- und Turbulenzfaktoren, die ihre Tätigkeit betreffen (Tab. 5–6). Vorgesetzte und Untergebene der mitwirkenden Unternehmen tendieren offensichtlich dazu, Auswirkungen von

Störfaktoren der Umwelt auf ihr Arbeitsgebiet weitgehend gleichartig zu beschreiben. Das Ausmaß an Turbulenz und Unvorhersagbarkeit, das sie in ihrer täglichen Arbeit zu verkraften haben, scheint für beide Ebenen dasselbe zu sein.

Tab. 5–5. Wahrnehmung der Anforderungsmerkmale der Ebenen 1 und 2: Welche Tätigkeit verlangt mehr von den folgenden Merkmalen: die eigene oder die der anderen Ebene?

	Durchschnitte	
	E1 (N = 106)	E2 (N = 106)
1. Detailkenntnis fachlicher Probleme	3,0[2]	3,6[2]
2. Enger Kontakt zu Menschen	2,5	3,7
3. Menschenkenntnis	2,2	3,2
4. Ideenreichtum	2,0	3,1
5. Selbstvertrauen	2,0	3,0
6. Verantwortung	1,7	2,5
7. Entscheidungsfähigkeit	1,8	2,8
8. Takt	2,7	3,1
9. Anpassungsfähigkeit	2,5	3,4
10. Durchsetzungsvermögen	1,9	3,1
11. Intelligenz	2,5	2,8
12. Initiative	2,0	3,1

Anmerkung: Die Messung erfolgte an Hand von 5-Punkte-Skalen:

Ebene 1:	1	2	3	4	5
	sehr viel mehr	mehr	etwa gleich	weniger	viel weniger

Ebene 2:	5	4	3	2	1
	sehr viel mehr	mehr	etwa gleich	weniger	viel weniger

[2] Die Unterschiede der Mittelwerte beider Ebenen sind alle signifikant ($p = < .05$).

Tab. 5–6. Turbulenz- und Unsicherheitsfaktoren, welche die eigene Arbeit betreffen (Likert-Skalen: 1 = geringer Einfluß, 7 = großer Einfluß)

	E1	E2
Aufgaben-relevante Turbulenz	(N = 106)	(N = 106)
Allgemeine Unsicherheit	4.4	4.3
Regierungs- und Fiskalpolitik	3.4	3.2
Tempo künftigen Wandels	4.9	5.0
Angemessenheit des Wandlungstempos	4.6	4.8
Angemessenheit der Zurüstung von Managern für den Wandel	4.4	4.5

5.3 Organisatorische Mikrostruktur

Während sich beide Ebenen unserer Führungskräfte insgesamt nicht im Umfang der Kontrollspannen unterscheiden (Ebene 1 = 11.6, Ebene 2 = 11.5), ist die Gesamtzahl der Mitarbeiter, für die eine Führungskraft durchschnittlich verantwortlich ist, in beiden Ebenen erwartungsgemäß nicht gleich: Ebene 1 = 334,3 und Ebene 2 = 95,7.

Betrachten wir die Indikatoren zur Beschreibung der Arbeitsbedingungen, so stellen wir wiederum fest, daß beide Ebenen die innerorganisatorischen Rahmenbedingungen ihrer Arbeit ganz ähnlich beschreiben: die Beurteilungen sind bis auf den Autoritätsumfang nicht signifikant voneinander verschieden (Tab. 5–7).

Tab. 5–7. Organisatorische Rahmenbedingungen der Tätigkeit[3]

	E1 (N = 106)	E2 (N = 106)
Autoritätsumfang	3.1	3.6
Organisat. Dispositionsspielraum	3.5	3.7
Arbeitsdruck	4.6	4.9
Zeitdruck	4.4	4.3

Dieses Bild der relativen Gleichartigkeit ändert sich jedoch drastisch bei der Beurteilung der auf Ebene 2 verfügbaren Ressourcen (Fragebogen 3) zur Bewältigung der Arbeitsanforderungen auf der Vorgesetztenebene.

[3] Skalenwerte von 1 bis 7; 1 = geringe Einengung, 7 = große Einengung, großer Druck.

Wie Tab. 5–8 zeigt, haben untergebene Mitarbeiter von ihren eigenen Fähigkeiten und Fertigkeiten ein bei weitem positiveres Bild als ihre direkten Vorgesetzten: die Beurteilungsunterschiede sind hoch signifikant ($p < .001$ in allen zwölf Dimensionen).

Tab. 5–8. Wahrnehmungsunterschiede verfügbarer Ressourcen in der Ebene 2; Wie lange bräuchte der untergebene Mitarbeiter, um die für die Tätigkeit des Vorgesetzten notwendigen Fertigkeiten zu erlernen? (Vorgesetzte beurteilen den Mitarbeiter, Mitarbeiter beurteilen sich selber)

Fertigkeiten	Durchschnitte in Monaten	
	E1 N = 106	E2 N = 106
1. Detailkenntnis fachlicher Probleme	17,6	5,1
2. Enger Kontakt zu Menschen	13,8	1,8
3. Menschenkenntnis	17,2	1,9
4. Ideenreichtum	19,5	2,7
5. Selbstvertrauen	15,9	4,0
6. Verantwortung	14,0	3,0
7. Entscheidungsfähigkeit	16,8	2,7
8. Takt	15,4	1,6
9. Anpassungsfähigkeit	10,6	1,8
10. Durchsetzungsvermögen	19,4	2,9
11. Intelligenz	9,8	2,5
12. Initiative	17,0	2,2
Gesamtdurchschnitt	15,6	2,7

Es überrascht vor allem die Größe der Bewertungsunterschiede, die im Durchschnitt zwischen 7,3 Monaten bei der Intelligenzdimension und 16,8 Monaten bei der Dimension ‚Ideenreichtum' liegen. Schließlich handelte es sich bei den Managern der Ebene 2 um die engsten Mitarbeiter der Vorgesetzten aus Ebene 1. In vielen Fällen besaßen die Teilnehmer der Ebene 2 das formelle Vertretungsrecht und in den meisten Fällen hatten sie faktisch ihre Vorgesetzten häufig zu vertreten. Daraus mag sich leicht das positive Selbstbild der 2. Ebene erklären. Weshalb beurteilen Vorgesetzte ihre Mitarbeiter aber vergleichsweise erheblich schlechter? Wenigstens drei Erklärungsmöglichkeiten bieten sich an:

(1) Defensivreaktionen. Die Furcht, den eigenen Sessel an den nachdrängenden Stellvertreter zu verlieren, lassen den Untergebenen unbewußt als relativ unfähig und ungeeignet erscheinen oder man macht ihn aus taktischen Gründen bewußt schlechter als er tatsächlich ist;

(2) Dynamik des Anspruchsniveaus. Der unterstellte Mitarbeiter neigt aufgrund seiner eigenen Aufstiegswünsche und Aufstiegsansprüche dazu, ein Selbstbild zu entwickeln, das mit seinem Anspruchsniveau übereinstimmt;

(3) Kommunikationsbarrieren. Vorgesetzte und ihre Stellvertreter wissen zu wenig voneinander. Stellvertreter kennen die Aufgabenanforderungen der Vorgesetzten nur unzulänglich, und Vorgesetzte wissen zu wenig über die Fähigkeiten und Fertigkeiten ihrer engsten Mitarbeiter Bescheid.

Den beiden ersten Deutungen läge ein Mechanismus bewußter oder unbewußter Dissonanzreduktion (Festinger 1957) zugrunde. Im Fall der Kommunikationsbarrieren hätten wir es mit hierarchisch bedingten Fehlurteilen zu tun. Freilich ist auch nicht auszuschließen, daß die drei hier unterschiedenen Bedingungsfaktoren gleichzeitig und sich gegenseitig verstärkend auftreten und die ebenenspezifischen Unterschiede prägen, von denen Porter und Lawler (1969) berichten.

Darüber hinaus könnte sich ein Meßfehler eingeschlichen haben, der in der Gruppen-Feedback-Diskussion häufig erörtert wurde. „Wie ist es möglich", so wurde in elf von 34 Feedback-Diskussionen gefragt, „daß man die nötige Intelligenz für eine Position innerhalb mehrerer Monate oder Jahre lernen kann?" Intelligenz wurde so als eine von Geburt an unveränderliche Größe gesehen: „Entweder man hat sie oder man hat sie nicht". Demgegenüber wurde aber von anderen betont, daß adäquates Verhalten und Problemlösen in einem neuen Tätigkeitsfeld mit zunehmender Erfahrung wächst. Ein solches Verständnis von Intelligenz kommt bereits in enge Nachbarschaft zu dem angelsächsischen Begriff „intelligenten Verhaltens", das durch Lernen verbessert werden kann. – Menschenkenntnis und Takt wiederum wurden von einigen Managern als Eigenschaften angesehen, die vor allem durch eine entsprechende Kinderstube vermittelt werden und nur geringfügig durch Lernen im Erwachsenenalter vergrößert werden können: „Takt ist eine Erziehungsfrage". Immerhin handelt es sich danach also nicht um genetisch gegebene, unveränderbare Merkmale, wie ‚Intelligenz' teilweise aufgefaßt wurde. – Es kann also sein, daß in Einzelfällen ein Vorgesetzter wegen seines statischen Verständnisses von Intelligenz oder Takt über seinen Mitarbeiter gesagt haben mag: „er wird es nie lernen", was aus arithmetischen Gründen mit 15 Jahren Lernzeit verrechnet wurde. Insgesamt scheint dieser Meßfehler jedoch allein deswegen nicht allzu sehr ins Gewicht zu fallen, weil die Intelligenzdimension aus Sicht der Ebene 1 als die

Fähigkeit angesehen wurde, die noch am ehesten bei Ebene 2 gegeben schien: mit 9,8 Monaten die kürzeste Aneignungszeit. Außerdem kam es nicht darauf an, ein möglichst realistisches Bild tatsächlich notwendiger Lernzeiten zu gewinnen, sondern es ging um die Gewinnung eines sozialen Einschätzungsmaßes menschlicher Ressourcen auf der Ebene der Untergebenen.

5.4 Innerbetriebliche Führungs- und Kooperationsformen: Entscheidungsstile

Die Untersuchungsebenen unterscheiden sich nicht in der Selbstbeschreibung ihres jeweiligen Führungs- und Entscheidungsverhaltens („Allgemeines Entscheidungsverhalten" – Fragebogen 6). Wie Diagramm 5–1 zeigt, treffen die befragten Führungskräfte überwiegend (Ebene 1 zu 55,5%, Ebene 2 zu 57,2%) ihre wichtigen Entscheidungen entweder nach vorheriger Beratung (Methode III) oder gemeinsam mit ihren unterstellten Mitarbeitern (Methode IV). Die Unterschiede im DCS-Wert[4] beider Ebenen sind nicht signifikant. Die Ebenen ähneln sich also im Modaltypus ihres Entscheidungsverhaltens. Es könnte als konsultativ-kooperatives Führungsverhalten bezeichnet werden. Der von Zepf (1972) und Heller

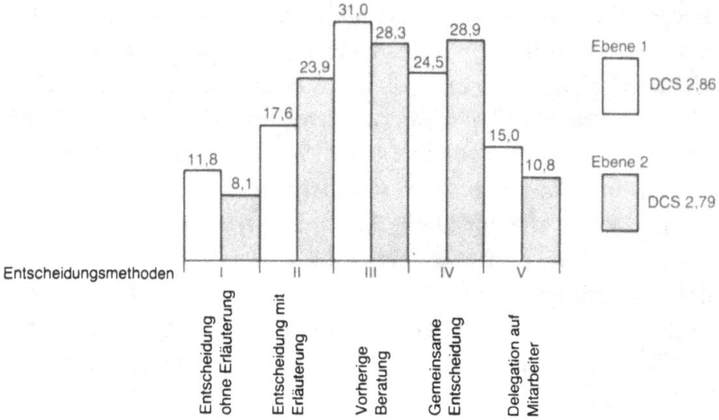

Diagramm 5–1. Generelles Entscheidungsverhalten
Häufigkeit verwendeter Entscheidungsmethoden (in %)
(Selbstbeschreibung der beiden Untersuchungsebenen: Fragebogen 6)

[4] Erläuterung, s. Kapitel 4.

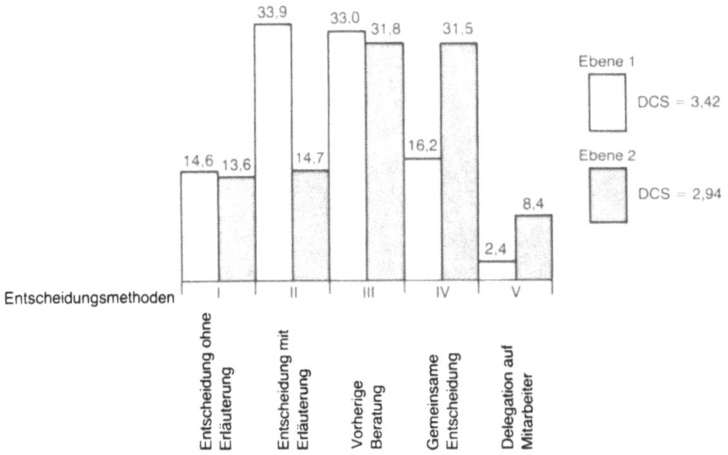

Diagramm 5–2. Spezielles Entscheidungsverhalten
Entscheidungen, die den Untergebenen direkt betreffen (SUB)
Häufigkeit verwendeter Entscheidungsmethoden (in %)
E1 beurteilt eigenes Entscheidungsverhalten, E2 beurteilt Verhalten von E1

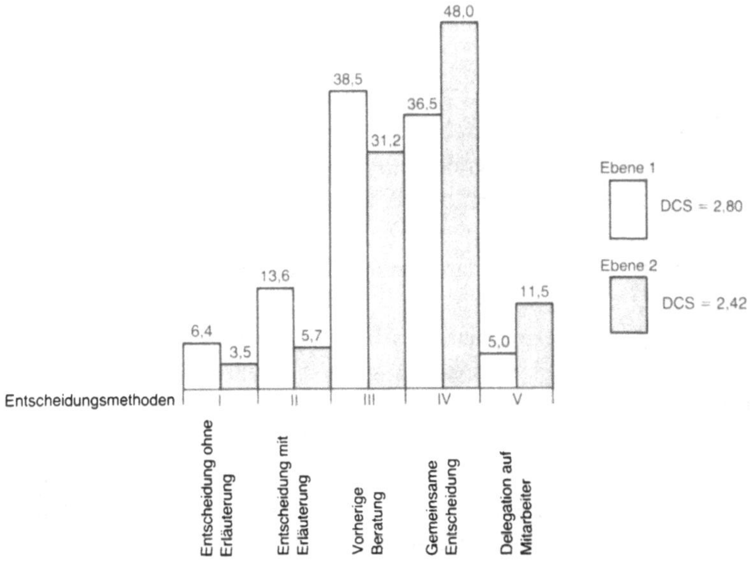

Diagramm 5–3. Spezielles Entscheidungsverhalten
Entscheidungen, die Mitarbeiter der Ebene 2 betreffen (EMP)
Häufigkeit verwendeter Entscheidungsmethoden (in %)
E1 beurteilt eigenes Entscheidungsverhalten, E2 beurteilt Verhalten von E1

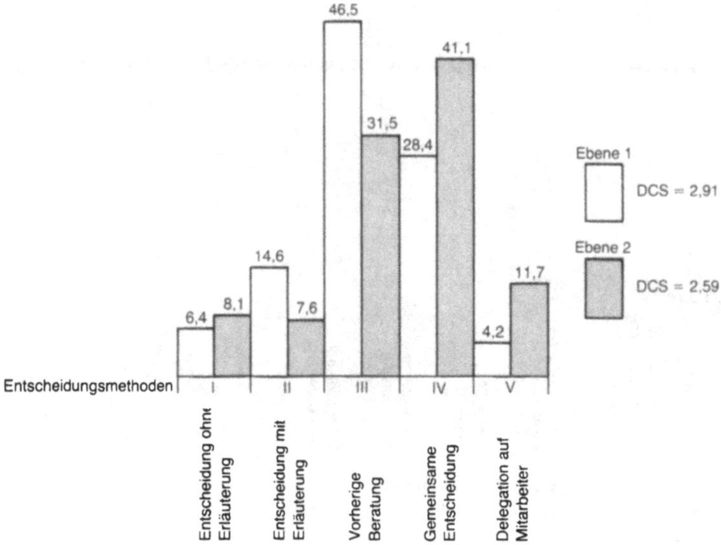

Diagramm 5–4. Spezielles Entscheidungsverhalten
Entscheidungen, die die gesamte Abteilung betreffen (DEPT)
Häufigkeit verwendeter Entscheidungsmethoden (in %):
E1 beurteilt eigenes Entscheidungsverhalten, E2 beurteilt Verhalten von E1

und Yukl (1969) festgestellte Trend, daß mit absteigender hierarchischer Ebene auch eine größer werdende Zentralisierungstendenz im Entscheidungsverhalten einhergeht, wird durch unsere Ergebnisse nicht bestätigt. Dasselbe Gesamtbild, aber mit bemerkenswerten Unterschieden im Detail ergibt sich, wenn wir unsere Daten zum spezifischen Entscheidungsverhalten heranziehen (Fragebogen 5).

Die Dreiteilung der spezifischen Entscheidungen, die wir vorgenommen haben, folgt einer Dimension „organisationsgeographischer“ Distanz: Entscheidungen, deren Spanne von unserer Untrsuchungsebene 1 bis zur nächsten Untergebenenebene reicht und den direkt unterstellten Mitarbeiter direkt betrifft (SUB – „subordinate“ – Entscheidungen). Die zweite Entscheidungsspanne umfaßt die nächstfolgende Ebene, die Untergebenen des direkt unterstellten Mitarbeiters (EMP – „employee“ – Entscheidungen). Schließlich faßten wir Entscheidungen, die eine ganze Abteilung betreffen, in DEPT („department“)-Entscheidungen zusammen. Ebene 1 beurteilte ihr Verhalten selbst, während Ebene 2 das Verhalten von Ebene 1 beschrieb.

In allen drei Kategorien (Diagramme 5–2 bis 5–4) herrscht das konsultativ-kooperative Bild des Entscheidungsverhaltens vor, wobei die Selbstbeschreibung der Ebene 1 bei SUB-Entscheidungen etwas zentraler in Richtung „informativ – konsultatives" Entscheidungsverhalten tendiert. Der Vergleich der DCS-Werte zeigt in beiden Ebenen die gleiche Rangordnung. Beide Ebenen berichten, daß SUB-Entscheidungen zentraler als DEPT-, und diese wiederum zentraler als EMP-Entscheidungen getroffen werden (Tab. 5–9).

Tab. 5–9. Spezielles Entscheidungsverhalten (DCS-Werte)

	E1 (N = 106)	E2 (N = 106)
SUB	3,42	2,94
EMP	2,80	2,42
DEPT	2,91	2,59
SPEC (Gesamtdurchschnitt)	2,98	2,58

Die Unterschiede der DCS-Werte für die drei Problemtypen innerhalb der beiden Ebenen sind signifikant ($p < .01$).

Ein bemerkenswertes Muster kennzeichnet die drei Datenprofile (Diagramme 5–2 bis 5–4 und Tab. 5–9): In allen drei Entscheidungsbereichen überschätzen die Teilnehmer der Ebene 2 im Vergleich zur Aussage der Ebene 1 den Grad ihres Einflusses auf den Entscheidungsausgang. Sie sehen sich weit mehr, als ihre Vorgesetzten es berichten, gleichberechtigt am Entscheidungsprozeß mitwirken (Methode IV) oder empfinden sich gar für die Entscheidungsprobleme alleinverantwortlich (Methode V). Sie beobachten bei ihren Vorgesetzten einen weitaus dezentraleren Führungsstil, als diese es für sich selbst wahrhaben wollen. In den hochsignifikanten Unterschieden der DCS-Werte beider Ebenen kommt dies ebenso zum Ausdruck wie in der Tatsache, daß die Ebene 1 ihr Maximum in der Entscheidungsmethode III (Selbstentscheidung bei vorheriger Beratung) sieht, während Ebene 2 dies in die Entscheidungsmethode IV (gemeinsame Entscheidung) verlagert. Wieder haben wir es hier mit einem Phänomen sozialer Wahrnehmungsunterschiede zu tun, wie uns ähnliche bei der Wahrnehmung und Nutzung verfügbarer Ressourcen begegneten. Auf der Basis einer Teilauswahl unserer Daten wurde darüber bereits anderweitig berichtet (Wilpert und Heller, 1973). Die wissenschaftliche Auseinandersetzung mit den Phänomenen und Wirkungen sozialer Wahrnehmung scheint an einem neuen Anfang zu stehen (Chaffee 1973). Unsere Ergebnisse werden im weiteren in diese Diskussion einzubringen sein.

Direkte Vergleichsmöglichkeiten zu anderen bundesrepublikanischen Untersuchungen bestehen nicht. Hartmann et al. (1973), Zepf (1972) und Lukatis (1972) verwenden zwar zum Teil ähnliche Entscheidungsprobleme wie wir. Besetzung einer direkt untergeordneten Position (Hartmann et al., Lukatis, Zepf), Umorganisation der eigenen Abteilung (Hartmann et al., Zepf), Entscheidung mit direkter Relevanz für Befragten (Lukatis, Zepf) sind Fragen, die sich durchaus mit einzelnen unserer Entscheidungen oder den Gruppen SUB, EMP, DEPT vergleichen lassen könnten. Auch die Vorgabe von Entscheidungsmethoden ist teilweise vergleichbar: Beratung, Mitbestimmung, Alleinentscheidung bei Zepf und Hartmann et al. (unsere Methoden III, IV und V) oder bei Lukatis: Vorgesetztenentscheidung ohne nähere Gründe (unsere Methode I), Entscheidung mit Erläuterung (unsere Methode II), Diskussion vor Entscheidung des Vorgesetzten (Methode III) und Konsensusentscheidung (Methode IV). Abgesehen davon, daß bei Hartmann et al. die zentralistischen Methoden I und II und bei Lukatis und Zepf die Form der Delegationsentscheidung fehlen, ist auch die Frage- und Auswertungsrichtung bei den Autoren anders als die unsere. Die Untersuchungen gehen implizit davon aus, daß Vorgesetzte sich vorwiegend oder ausschließlich nur einer einzigen Entscheidungsmethode bedienen. Die Auswertung geschieht dementsprechend nach Prozentsätzen der Führungskräfte, die den Führungsstil ihrer Vorgesetzten mit einer Kategorie beschreiben. Unsere situative Grundannahme war jedoch, daß Manager sich je nach bestimmten Umwelt- und Situationsbedingungen durchaus mehrerer Entscheidungsmethoden bedienen. Unsere Ergebnisse bestätigen dies: 19% der Manager machen je nach Umständen von allen fünf Entscheidungsmethoden Gebrauch, 39% benutzen wenigstens vier der fünf Verfahren, 41% zwei oder drei, und nur 1% berichtet von dem Gebrauch nur einer und immer derselben Entscheidungsmethode (vgl. auch Heller und Wilpert 1977). Die flexible Anwendung verschiedener Entscheidungsmethoden gilt sogar in gewissem Umfange für ein und denselben Entscheidungstyp. Um nur die Entscheidung zur Einstellung eines Mitarbeiters für den Untergebenen herauszugreifen: 65% der Manager (E1) bedient sich nur einer Methode, mehr als ein Drittel benützt je nach Lage zwei oder gar drei Methoden. Zu den gleichen Ergebnissen kommen Vroom und Yetton (1973), von deren Managerauswahl ebenfalls nur 1,3% berichtet, sie würden ausschließlich nur einen bestimmten Entscheidungsstil verwenden. Diese Resultate sind um so bemerkenswerter, als die Anweisung zum Fragebogen lautete: „Geben Sie bitte an, welche der verschiedenen Entscheidungsprozeduren Sie anwenden, um zur Entscheidungsfindung zu kommen. Wenn Sie mehr als eine Prozedur anwenden, geben Sie bitte entsprechende Prozentsätze an. Aber meistens werden Sie eine der fünf Alternativen mit 100% bewerten". Unsere Auswertungen beziehen sich daher auf die Häufigkeiten, mit denen bestimmte Entscheidungsverfahren (unsere 5 Methoden) benützt werden, und nicht, wieviele Manager eine Methode anwenden.

Neben der Frage nach den Formen der Zusammenarbeit hierarchischer Ebenen im Entscheidungsprozeß erfragten wir, inwieweit sich Führungskräfte genötigt sehen, in ihrer Arbeit und den dabei anfallenden Entscheidungen mit gleichgestellten Kollegen zusammenzuarbeiten. Tab. 5–10 zeigt die Ergebnisse.

Tab. 5–10. Kooperation mit Kollegen (in %)

	Entscheidungsmethoden				
	I	II	III	IV	V
Ebene 1 (N = 106)	29,6	22,1	26,7	18,4	3,2
Ebene 2 (N = 106)	25,6	22,6	29,3	20,5	1,9

Es überrascht der Umfang, in dem Führungskräfte der Industrie ihre Entscheidungen konsultativ-kooperativ mit Kollegen zu treffen haben. Etwa jede zweite Entscheidung wird wenigstens mit Kollegen abgestimmt oder gar gemeinsam mit ihnen getroffen. Diese Form des lateralen Entscheidungsverhaltens wurde in der Literatur weitgehend vernachlässigt. Zeidler (1972) hat jedoch darauf hingewiesen, daß horizontale Kontakte mit gleichgestellten Kollegen eine zunehmende Bedeutung zu bekommen scheinen. Wichtig dürfte daher die Frage sein, welche Erwartungen Manager mit Partizipation und Kooperation verbinden. Tab. 5–11 gibt die Ergebnisse auf die Frage wieder: Was wären die Folgen, falls alle wesentlichen Entscheidungen künftig im Konsensus einer Gruppe getroffen werden müßten?

Die Unterschiede beider Managementebenen sind geringfügig. Die Ergebnisse zeigen allenfalls bei Ebene 2 einen leicht positiveren (nicht signifikanten) Trend in der Einschätzung erwarteter Partizipationsfolgen an.

Tab. 5–11. Erwartete Folgen bei der Einführung von Gruppenentscheidungen (Skalen von 1 bis 5: 1 = erheblich verbessern/erhöhen, 5 = erheblich verlangsamen/verschlechtern)

... dann würde sich	E1 (N = 106)	E2 (N = 106)
die Qualität der Entscheidung verbessern/verschlechtern	2,9	2,6
das Tempo der Entscheidung erhöhen/verlangsamen	3,5	3,1
die Zufriedenheit und Arbeitsmoral verbessern/verschlechtern	2,6	2,5

Hinweise auf die motivierenden Gründe für die Anwendung partizipativer Entscheidungsmethoden liefert darüber hinaus eine in beiden Ebenen erstaunlich einheitlich ausfallende Rangordnung: fünf Gründe „für einen partizipativen Führungsstil" sollten von den Befragten in eine Rangreihe gebracht werden, je nachdem wie wichtig der Grund für einen persönlich sei. Tab. 5–12 zeigt, daß die Verbesserung der Entscheidungsqualität mit Abstand die wichtigste Rolle spielt.

Tab. 5–12. Rangordnung der Gründe bei L1 und L2 für partizipative Führungs- und Entscheidungsformen (Fragebogen 13)

Rangplatz	Gründe	Gewichtete Mittelwerte E1 N = 106	Gewichtete Mittelwerte E2 N = 106
1	um die technische Qualität der Entscheidungen zu verbessern	1,7	1,7
2	um die Kommunikation (das Problemverständnis) zu verbessern	2,3	2,3
3	um die Zufriedenheit zu erhöhen	3,2	3,2
4	um Untergebene fortzubilden	3,4	3,5
5	um Wandel zu bewirken	4,3	4,2

Die überragende Bedeutung von Effizienzgesichtspunkten bei der Wahl bestimmter Entscheidungsmethoden hat sicherlich zwei Seiten, die sachliche und die scheinsachliche. Der sachliche Aspekt ist das Bemühen, wirklich das Beste zur Lösung eines Problems zu aktualisieren. Wie ein Manager in der Feedbackdiskussion sagte: „Gerade in der Technik und Produktion, da müssen sie als Chef, wenn sie ihre Mitarbeiter richtig einschätzen im Hinblick auf (a) dessen Mitarbeiter, (b) ihre optimale Zusammenarbeit (mit ihnen) und (c) aufgrund ihrer Fachkenntnisse, letztlich hinnehmen, was die Leute Ihnen in bestimmten Bereichen sagen". Noch weitergehend ein anderer: „Oft erzwingt die Expertise eines Mannes völlige Delegation auch wichtiger Fragen". Und schließlich: „Heute ist es gar nicht mehr möglich, Entscheidungen von oben zu treffen. Wir können nicht dafür sorgen, daß Mitarbeiter mitziehen. Die Leute können den ganzen Betrieb zum Erliegen bringen, ohne daß man was nachweisen kann". „Das ist der Zeitgeist". –

Aus diesen Zitaten, die beliebig um weitere aus den Feedbackdiskussionen vermehrt werden könnten, spricht fast ein wenig Resignation: Komplexität und technische Zwänge einerseits, die sich ändernden Zeitläufe andererseits sind maßgeblich für die Wahl partizipativer Entscheidungsmethoden. Bequemer ginge es eben manchmal ohne sie. Seltener ist schon eine Auffassung wie: „Man muß doch seine eigene Meinung zur Diskussion stellen, weil die Mitarbeiter doch u. U. andere Schwerpunkte setzen, weil man nicht nahe genug dran ist. Daher Einbezug der Mitarbeiter". Im ganzen handelt es sich jedoch um Argumente, die das Sachinteresse eines bestmöglich funktionierenden Unternehmens im Auge haben.

Die Scheinsachlichkeit liegt in Quasi-Partizipation und Manipulation: „Wenn man mal auf die Taktik bei der Entscheidungsfindung einen Moment eingeht, dann ist doch jeder gut beraten, allein aus taktischer Sicht" – (Bemerkung aus dem Hintergrund: „ja selbstverständlich!") – „daß er seine Entscheidung, – egal wo sie im Ansatz mal geboren wurde, möglichst weit vorbespricht, und wenn's nur pro forma ist. Das ist doch ein uralter Trick, auch aus der Psychologie geboren. Beispiel: Was Neues in der Fertigung in die Welt setzen: es ist aus taktischer Sicht leichter und vernünftiger auch diese Entscheidung ‚von unten her' wachsen zu lassen, selbst wenn's nur pro forma ist" – („genau das!"). – „In der Regel werden die unteren Chargen, wenn man die Qualität des Beitrags zur Entscheidung analysieren würde, sicherlich nicht so weit beitragen, wie die darüberstehenden. Aber pro forma zumindest sollten sie sehr weit eingeschaltet werden". –

Manipulative Partizipation als Führungstechnik. Es könnte sein, daß ein Teil der bereits geschilderten Wahrnehmungsunterschiede der beiden Ebenen auf das Konto solch taktischer Irreführungen geht: Vorgesetzte lassen ihre Mitarbeiter gelegentlich bewußt im Glauben, diese hätten einen größeren Einfluß, als sie ihn tatsächlich haben. Miles (1965) hat zwei Modelle partizipativen Führungsverhaltens unterschieden: das ‚human relations'-Modell, nach dem die Gutwilligkeit des Untergebenen durch (Schein-)Partizipation erkauft wird und das ‚human resources'-Modell, nach dem Partizipation dazu genutzt wird, alle nur erdenklichen Ressourcen für die bestmögliche Lösung eines Problems zu mobilisieren. Sachlichkeit und Scheinsachlichkeit, die aus den Zitaten deutscher Manager sprechen, deuten darauf hin, daß beide Modelle wirksam sein dürften.

5.5 Ressourcennutzung und Arbeitszufriedenheit

Die Betriebspsychologie hat sich seit ihren Anfängen mit der Frage befaßt, wie verfügbare Fähigkeiten und Fertigkeiten für eine Aufgabe am wirksamsten genutzt werden können. Das Bemühen vieler anwendungsorientierter Psychologen, Auswahltests zu entwickeln, um den geeignetsten Bewerber für eine Tätigkeit identifizieren zu können, legt dafür ein beredtes Zeugnis ab (Dorsch 1970). Auch das Interesse der Berufsberatung, einem Ratsuchenden einen für ihn „passenden" Beruf zu empfehlen, ist von dem gleichen Motiv geleitet, vorhandene Interessen, Fähigkeiten und Fertigkeiten bestmöglich zu nutzen und nicht zu verschleudern. Ein jüngerer Trend der Organisationspsychologie, vor allem unter dem amerikanischen Begriff „Organizational Development" („Institutionsberatung" – Fürstenau 1970) bekanntgeworden, konzentriert sich in erster Linie auf die Verbesserung organisatorischer Wirksamkeit durch Aus- und Fortbildung der Organisationsmitglieder und strukturelle Veränderungen, die eine bessere Nutzung verfügbarer Ressourcen erlauben soll. Unter dem Etikett „Qualität des Arbeitslebens" verbergen sich teils neue, teil überkommene Inhalte. Auch hier geht es um die Frage nach den Bedingungen, die eine adäquate, menschengerechte Nutzung verfügbarer Ressourcen ermöglichen. Im Vordergrund stehen die Zusammenhänge von Motivation, persönlicher Entfaltung und Entfremdung am Arbeitsplatz. Gerade diese jüngste und doch in der Betriebspsychologie längst vorweggenommene Entwicklung (Herwig 1950) impliziert einen Begriff der Nutzung von Ressourcen, dem eine ausgesprochen subjektive Qualität eignet: Es ist die Befindlichkeit, das Bewußtsein des arbeitenden Menschen, das in erster Linie darüber entscheidet, ob seine Fähigkeiten, Erfahrungen, Interessen und Fertigkeiten bestmöglich genutzt werden.

Mit Hilfe des Fragebogens 8 („Ressourcen-Nutzung“) versuchten wir, ein einfaches Maß des erlebten Nutzungsdefizits (oder umgekehrt: des Auslastungsgrades) zu bekommen. In der 1. Frage sollten Manager beider Untersuchungsebenen angeben, um wieviel Prozent ihre Fähigkeiten, Fertigkeiten und Erfahrungen bei „idealen“ technischen, organisatorischen, personellen und sozialen Bedingungen besser genutzt werden könnten. Die 2. Frage bezog sich auf die verbesserte Nutzungsmöglichkeit der Fähigkeiten der jeweils direkt unterstellten Mitarbeiter.

Tab. 5–13. Zusätzliche Nutzungsmöglichkeit von Fähigkeiten, Fertigkeiten und Erfahrungen bei „idealen“ technischen, organisatorischen, personellen und sozialen Bedingungen (Angaben in Prozent)

	E1 (N = 106)		E2 (N = 106)
1. Bessere Nutzungsmöglichkeiten *eigener* Fähigkeiten	24,4		24,5
	☆☆	☆☆	☆☆
2. Bessere Nutzungsmöglichkeiten der Fähigkeiten, etc. der *Untergebenen*	21,3		21,0

(Arrows in the table connect 24,4 ↔ 21,3, 24,5 ↔ 21,0, and 24,5 ↔ 21,3.)

☆☆ Unterschiede signifikant (T-Test) $p < .01$.
Wo nicht anders angegeben, bedeutet ☆ ein Signifikanzniveau von $p \leqq .05$ und ☆☆ ein Niveau von $p \geqq .01$

Die Unterschiede der Selbsteinschätzung auf Ebene 1 und 2 sind nicht signifikant, wohl aber die Unterschiede zwischen Selbsteinschätzung und Einschätzung der Nutzung von Fähigkeiten direkt unterstellter Mitarbeiter. Während Manager beider Ebenen in etwa ein gleiches Niveau brachliegender Fähigkeiten und Fertigkeiten zu besitzen glauben, sind sie der Auffassung, daß ihre direkt unterstellten Mitarbeiter bei weitem bessere Entfaltungschancen haben. Wie aus der Tab. 5–13 hervorgeht, klafften Fremdbewertung und Eigeneinschätzung jedoch am weitesten auseinander: Ebene 1 sieht zusätzliche Nutzungsmöglichkeiten von 21,3% bei Ebene 2 als möglich an, während Ebene 2 zusätzliche Möglichkeiten von 24,5% angibt. Wieder haben wir es hier mit ebenenspezifischen Wahrnehmungstendenzen zu tun, die uns schon bei der Beschreibung der Arbeitsanforderungen, der Beurteilung von verfügbaren Ressourcen auf

Ebene 2 und bei der Einschätzung der eigenen Rolle im Entscheidungsprozeß begegnet sind.

Eine mögliche Erklärung bot sich aus den Feedback-Diskussionen an. Die Ebene 1 fühlt sich weitgehend für die Arbeitssituation der Ebene 2 mitverantwortlich. Wie ein Manager sagte: „Unsere Mitarbeiter sind besser dran, weil wir ihre Bedingungen zum Teil selbst beeinflussen können". Diese Mitverantwortung könnte also dazu führen, daß Vorgesetzte sich defensiv vor Selbstvorwürfen durch eine positivere Einschätzung der Arbeitslage ihrer Mitarbeiter entlasten. Wieder hätten wir es mit einem Reaktionsschema zu tun, das sehr wohl mit Hilfe des Dissonanz-Reduktions-Theorems erklärbar scheint.

In der Feedback-Diskussion bemühten wir uns, die wesentlichsten Gründe für eine mangelnde Nutzung verfügbarer Ressourcen aufzudecken. Wir registrierten dabei nur die Fälle und Gründe, in denen die Führungskräfte eines Unternehmens eine volle Übereinstimmung erreichten (Tab. 5–14).

Tab. 5–14. Gründe für ein Nutzungsdefizit verfügbarer Ressourcen

	E1	E2
Organisationsprobleme aufgrund von Übergangsschwierigkeiten (Fusionen, rapides Wachstum)	2	4
Unzulängliche technische Ausrüstung (z.B. in EDV)	3	10
Schlechtes Gesamtmanagement (Planungswirrwarr, unklare Firmenpolitik, zu viele nutzlose Besprechungen, unklare Zuständigkeiten, Bürokratisierung)	25	27
Unterforderung	–	3
Mangelnde Mitarbeiterqualität	6	7
Fehlende Mitarbeiter	6	4
Staatliche bzw. gesetzliche Eingriffe (Betriebsverfassung)	2	1
Raumprobleme (Enge, räumliche Trennung von wichtigen Mitarbeitern)	4	3
Lärmbelästigung	–	1
Unterbrechung durch Großraumbüro	1	2
Schlechtes Organisationsklima	1	1

Es mag sein, daß die Kategorie „schlechtes Gesamtmanagement“ deshalb soviele Nennungen hat, weil es mehrere Teilaspekte umfaßt. Andererseits handelt es sich um einen Komplex, der sich eindeutig von den anderen abgrenzen läßt. Insgesamt macht sich hier offenbar ein gewisser Unmut unserer beiden Untersuchungsebenen über die darüberliegenden Führungsinstanzen Luft: Vorstand und Konzernleitungen. Diese Vermutung wird zusätzlich durch unsere Erhebungen über die allgemeine Arbeitszufriedenheit abgestützt (s. w. u.). Das gelegentlich unkoordinierte Eingreifen der Konzernverwaltung (Anforderung einer bestimmten Statistik von drei verschiedenen Stellen der Untersuchungseinheit), als unangemessen erlebte Bürokratisierung („In der Zentrale gibt's Leute, die schreiben Vermerke übers Schreiben von Vermerken“) kommen hier ebenso vor, wie Kommunikationsschranken (die Vorstands-Entscheidung über die Eröffnung einer neuen Zweigniederlassung erfahren direkt Betroffene aus der Zeitung) oder das starre Festhalten an überkommenen kaufmännischen Ritualen („Nur ein Prokurist darf Quittungen abzeichnen, selbst wenn sich's um Taxirechnungen von vier Mark handelt“).

Ein großer Teil der Unterforderung scheint auch auf die Vollbeschäftigung zum Zeitpunkt der Untersuchung zurückzuführen zu sein. Der qualitative und quantitative Personalmangel zwang viele Führungskräfte dazu, sich mit „subalternen“ Aufgaben zu befassen: „Ich bin mein eigener Sachbearbeiter und tüte auch noch meine Briefe ein“. „Es kann sein, daß wir zeitlich überfordert und fachlich unterfordert sind, vor allem wegen der Personalknappheit“. Die angegebenen Prozentsätze in Tab. 5–13 könnten

Tab. 5–15. Arbeitszufriedenheit

	E 1 (N = 106)	E 2 (N = 106)
Wie wird nach Ihrer Meinung Ihre Arbeit in dieser Firma geschätzt?	2,8	2,9
Wie zufrieden sind Sie mit dem oberen Management?	3,5	3,3
Schätzen Sie, wie sehr Sie Ihre Arbeit voraussichtlich in drei Jahren gern haben werden?	2,7	2,8
Alles in allem, wie zufrieden sind Sie momentan mit Ihrer Arbeit?	2,6	2,6
Durchschnitt aller Fragen	2,9	2,9

(Skalen von 1 bis 7: 1 = sehr zufrieden; 7 = sehr unzufrieden) noch etwas zu niedrig gegriffen sein. Nach den ausführlichen und engagiert geführten Diskussionen zu diesem Punkt kamen viele Teilnehmer zu dem Ergebnis, daß sie jetzt, nachdem sie alle Argumente ihrer Kollegen gehört hätten, „eigentlich höher gehen“ sollten.

Unsere beiden Untersuchungsebenen gleichen sich nicht nur im Nutzungsgrad ihrer Fähigkeiten, Fertigkeiten und Erfahrungen, sie ähneln sich auch im Niveau ihrer allgemeinen Arbeitszufriedenheit (s. Tab. 5–15). Die Unterschiede der Durchschnittswerte sind nicht signifikant. Es fällt nur auf, daß von den vier Fragen der Durchschnittswert für die Zufriedenheit mit dem „oberen Management“ am niedrigsten ausfällt. Dies scheint zu bestätigen, was weiter oben über Ursachen des Nutzungsdefizits verfügbarer Ressourcen gesagt wurde: ein gewisses Unmutspotential unserer beiden Ebenen mit den darüber liegenden Führungsinstanzen läßt sich nicht verleugnen. Auf den Zusammenhang des Nutzungsdefizits mit der Arbeitszufriedenheit soll anläßlich der Überprüfung der Forschungshypothesen im nächsten Kapitel eingegangen werden.

6. Ergebnisse: Überprüfung der Hypothesen

Nach der summarischen Wiedergabe der Durchschnittsergebnisse unserer Erhebungen in Kapitel 5 soll nun analytisch auf die Zusammenhänge unter den Variablengruppen eingegangen werden. Dies geschieht in erster Linie durch eine Überprüfung unserer Untersuchungshypothesen (Kapitel 3) mit Hilfe der Korrelationsstatistik, der Varianzanalyse und multivariater Analyseverfahren.

6.1 α-Hypothesen: Personenmerkmale als Kontingenzfaktoren

Die allgemeine Fassung der Hypothesen α 1 und α 2 postuliert einen systematischen Zusammenhang zwischen persönlichen Merkmalen der Führungskräfte einerseits und ihrem Entscheidungsverhalten und ihrer Arbeitszufriedenheit andererseits. Zuerst zum Entscheidungsverhalten.

Das beherrschende Bild in Tab. 6–1 ist die jeweilige Vorzeichenrichtung der Korrelationskoeffizienten: im Falle von Lebens- und Betriebsalter sind

Tab. 6–1. Persönliche Merkmale und Entscheidungsverhalten
Korrelationskoeffizienten (Ebene 1, N = 106)

Merkmale		Entscheidungsmethoden DEPT-DCS	EMP-DCS	SUB-DCS	SPEC-DCS
Erfahrung	Jahre im Posten	–.06	.01	.08	.02
	Jahre in Firma	.22*	.34**	.23*	.31**
	Alter	.18	.25**	.18	.25**
Bildung	Mitgliedschaft in Berufsverbänden	–.22*	–.17	–.11	–.18
	Abonnement von Fachzeitschriften	–.14	–.10	–.06	–.12
	Lektüre von Fachzeitschriften	.08	–.06	–.09	–.07
	Bildungsstand	–.33*	–.29**	–.21*	–.33**
	Zusätzliche Fortbildung	–.14	–.16	–.08	–.13

sie fast ausnahmslos positiv, im Falle des Bildungsstandes und der Fortbildung ebenso durchgängig negativ. Je älter Führungskräfte sind und je länger sie der Firma angehören, desto zentraler entscheiden sie. Die spezifische Erfahrung in ihrer jeweiligen Funktion scheint hingegen vom Entscheidungsverhalten weitgehend unabhängig zu sein. Andererseits, je höher der Bildungsstand einer Führungskraft, desto partizipativer tendiert ihr Führungsstil zu sein. Da der Bildungsstand mit Betriebs- und Lebensalter ebenfalls hoch negativ korreliert ($r = -.34^{**}$ bzw. $r = -.28^{**}$), läßt dies den Schluß zu, daß auf Ebene 1 die älteren Manager unserer Auswahl vergleichsweise schlechter ausgebildet sind als die jüngeren. Freilich bezieht sich dies nur auf das formale Ausbildungsniveau und nicht auf Kenntnisse und Erfahrungen, die im Verlauf des Berufslebens angeeignet wurden. Zapf (1965) hatte zum Zeitpunkt seiner Untersuchung über Vorstandsmitglieder der 50 größten deutschen Unternehmen festgestellt, daß die Gruppe der damals 45–65jährigen im Vergleich zu der darunter liegenden Altersgruppe ebenfalls einen geringeren Bildungsstand (gemessen an Hochschulabschlüssen) aufwiesen. Es könnte sein, daß es sich hier um ein durchgängiges, vermutlich kriegsbedingtes Merkmal industrieller Führungskräfte handelt.

Zwischen der Bewertung von Partizipationsfolgen und dem Entscheidungsstil wurden keine signifikanten Beziehungen festgestellt. Dies mag zum Teil an der Frageform des Fragebogens Nr. 12 („Partizipationserwartungen“) gelegen haben. In mehreren Fällen wurde in der Feedback-Diskussion moniert, daß die Fragestellung („Was wären die Folgen, wenn von morgen an alle wichtigen Entscheidungen in Gruppen getroffen würden?“) nicht zu beantworten sei: wichtige Entscheidungen würden schon heute so getroffen. Es könnte dadurch ein Meßfehler entstanden sein, der den eventuell möglichen Nachweis einer Beziehung zwischen Partizipationserwartungen und Entscheidungsstil vereitelte.

Immerhin kann festgestellt werden, daß abgesehen davon die Hypothese α 1 bestätigt wurde: Erfahrung und Bildung stehen in einem signifikanten Beziehungszusammenhang mit Führungs- und Entscheidungsverhalten. Lebens- und Berufsalter sowie der formale Bildungsstand haben dabei den stärksten Vorhersagewert für das Entscheidungsverhalten. Ähnlich postulierte die Hypothese α 2 eine signifikante Beziehung zwischen persönlichen Merkmalen und der Arbeitszufriedenheit. Die dafür relevanten Ergebnisse sind in Tab. 6–2 zusammengefaßt.

Das sich aus Tab. 6–2 ergebende Bild ist recht uneinheitlich. Als erstes überrascht die hohe positive Korrelation zwischen Diadenalter (Dauer der

Tab. 6–2. Persönliche Merkmale und Arbeitszufriedenheit-Korrelationskoeffizienten (Ebene 1 und 2, N jeweils 106) (Anmerkung: positive Korrelationskoeffizienten bedeuten, daß die Unzufriedenheit mit steigender Merkmalsstärke wächst).

Persönliche Merkmale	Zufriedenheit: Anerkennung in Firma E 1	E 2	Zufriedenheit mit höherem Management E 1	E 2	Allgemeine Zufriedenheit E 1	E 2
Jahre in Posten	.04	.05	–.02	.00	–.08	.07
Jahre in Firma	.17	.03	.05	–.15	.07	–.07
Alter	.11	–.15	.03	–.23*	.03	–.20*
Diadenalter	.28**	–.01	.06	–.02	.15	–.01
Mitgliedschaft in Berufsverbänden	–.04	–.26**	–.08	–.13	–.08	–.15
Abonnement von Fachzeitschriften	.09	–.17	.03	–.01	.18	–.01
Lektüre von Fachzeitschriften	.02	–.09	–.08	–.08	–.06	–.08
Bildungsstand	.03	–.28**	.04	.00	.06	–.03
Zusätzliche Fortbildung	–.14	–.16	.06	–.11	–.13	–.08

Zusammenarbeit von Ebene 1 und 2) und der Anerkennung, die Ebene 1 vom Unternehmen erfährt: Je länger Ebene 1 und 2 zusammenarbeiten, desto geringer empfindet E 1 seine Anerkennung durch die Firma. Die entsprechende Korrelation für Ebene 2 weist diese beiden Variablen als voneinander unabhängig aus. Andererseits stehen bei Ebene 2 Bildungsstand und informelle Fortbildung (Zugehörigkeit zu Berufsverbänden, Fachzeitschriften-Abonnement, usw.) in einem teilweise signifikanten Kovarianzverhältnis zur erlebten Firmenanerkennung; ebenso Lebensalter und Zufriedenheit (je höher Alter und Bildungsstand, desto größer die Anerkennung in der Firma und desto zufriedener mit dem oberen Management). Dies ist bei Ebene 1 nicht der Fall. In diesem Zusammenhang fällt auf, daß zwischen Ebene 1 und 2 tendenzielle Unterschiede in der Kovarianzrichtung zu bestehen scheinen. Während bei Ebene 1 die Koeffizienten meist positiv sind, sind sie bei Ebene 2 vorwiegend negativ. Das allgemein niedrige Niveau der Koeffizienten läßt daraus jedoch kaum einen bündigen Schluß zu. Die Hypothese α 2 kann nur ebenenspezifisch für das Lebensalter und den Bildungsstand als gestützt angesehen werden: Sie korrelieren signifikant mit Zufriedenheitsvariablen der Ebene 2. Zwischen den Ebenen 1 und 2 besteht aber kein Unterschied in der Beurteilung des eigenen Nutzungsdefizits (Tab. 5–13) und der allgemeinen Zufriedenheit (Tab. 5–15). Der enge Zusammenhang zwischen Nutzung verfügbarer Ressourcen und der allgemeinen Arbeitszufriedenheit ist jedoch in beiden Ebenen unverkennbar (Tab. 6–3): Je besser Manager ihre Fähigkeiten, Fertigkeiten und Erfahrungen im Unternehmen einsetzen können, desto zufriedener sind sie auch.

Tab. 6–3. Nutzung eigener Fähigkeiten und Arbeitszufriedenheit (Positive Korrelationskoeffizienten bedeuten: Mit dem Nutzungsdefizit steigt die Unzufriedenheit)

Zufriedenheit	Nutzung	
	E 1 (N = 106)	E 2 (N = 106)
Wie wird Ihre Arbeit in der Firma geschätzt?	.17	–.04
Wie zufrieden mit oberem Management?	.25**	.25**
Wie gern werden Sie eigene Arbeit in 3 Jahren haben?	.06	.16
Alles in allem: Wie zufrieden sind Sie?	.20*	.29**
Durchschnitt aller Fragen	.22**	.21*

6.2 β-Hypothesen: Aufgaben- und Tätigkeitsstruktur als Kontingenzfaktor

Vier Aspekte der Aufgaben- und Tätigkeitsstruktur wurden als relevant angenommen:

(1) die organisatorische Funktion, d. h. der hauptsächliche Aufgaben- und Tätigkeitsbereich der Führungskraft (z. B. Marketing, Personal, Produktion),

(2) die Art des Entscheidungsproblems,

(3) die arbeits- und aufgabenbezogene Umweltturbulenz,

(4) die Anforderungsmerkmale der eigenen Tätigkeit.

Hypothese β 1 postulierte einen systematischen Zusammenhang zwischen der organisatorischen Funktion eines Managers und seinem bevorzugten Entscheidungsverhalten. Tab. 6–4 und eine Varianzanalyse der

DCS-Werte zeigen, daß diese Hypothese durch unsere Daten nicht gestützt wird. Nur Manager, die für allgemeine Verwaltungsaufgaben zuständig sind, fallen durch ihren vergleichsweise zentralisierteren Entscheidungsstil aus dem Gesamtbild leicht heraus. Insgesamt ist die postulierte signifikante Beziehung durch unsere Daten jedoch nicht zu belegen. Auch die in der Spezifikation der Hypothese β 1 vermuteten Unterschiede zwischen Managern verwaltender bzw. Produktionsfluß-bezogener und Menschen-bezogener Aufgaben lassen sich durch unsere Daten nicht belegen. Hypothese β 1 muß als unbestätigt angesehen werden.

Tab. 6–4. Organisatorische Funktion und Entscheidungsstil (DCS-Werte) Ebene 1, N = 106 (1 = dezentralisierter, 5 = zentralisierter Entscheidungsstil)

Funktion	DEPT-DCS	EMP-DCS	SUB-DCS	SPEC-DCS
1. Allg. Management	2.7	2.8	3.1	2.8
2. Produktion, Ingenieuraufgaben	3.0	2.7	3.5	2.9
3. Verkauf, Marketing	3.2	2.9	3.5	3.1
4. Finanzwesen, Buchhaltung	3.1	3.0	3.6	3.2
5. Forschung und Entwicklung	3.2	2.9	3.7	3.2
6. Einkauf, Lagerhaltung	2.9	2.7	3.3	2.9
7. Allg. Verwaltung	3.3	3.6	3.9	3.6
8. Industrial Engineering	2.7	2.8	3.3	2.9
9. Personalwesen	2.8	2.6	3.2	2.8
10. Sonstiges	3.3	3.0	3.2	3.1
Durchschnitt	3.0	2.8	3.4	3.0

Die Abhängigkeit des Entscheidungsverhaltens vom zu entscheidenden Problemtyp wurde bereits durch Tab. 5–9 aufgezeigt: Die Unterschiede der DCS-Werte zwischen SUB, EMP- und DEPT-Entscheidungen sind durchgängig signifikant (.01-Niveau). Hypothese β 2 hatte diesen Sachverhalt postuliert; sie wird durch unsere Daten gestützt. Eine zusätzliche Illustration davon, wie drastisch das Entscheidungsverhalten mit dem Entscheidungsproblem variiert, zeigt die Betrachtung der Häufigkeitsverteilung bei zwei einzelnen Entscheidungen (Diagramm 6–1):

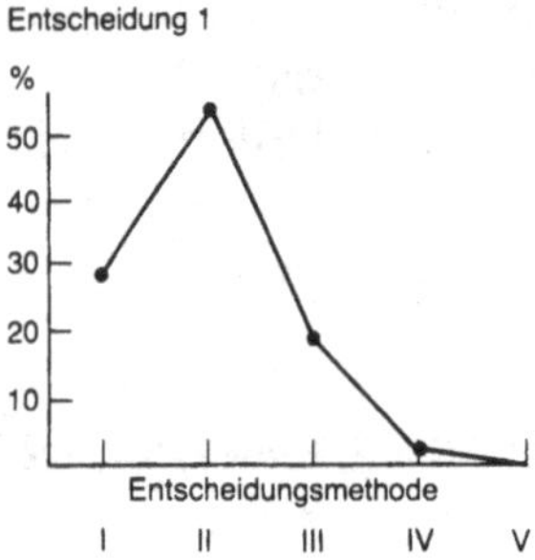

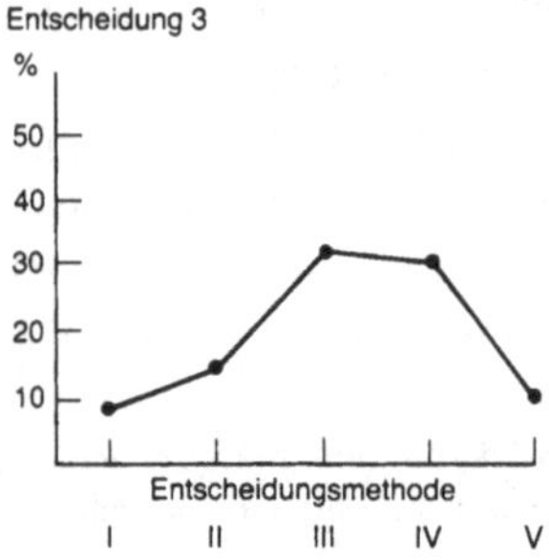

Entscheidung 1: Die Entscheidung, das Gehalt Ihres direkt unterstellten Mitarbeiters zu erhöhen

Entscheidung 3: Die Entscheidung, einen von mehreren Bewerbern anzustellen, der für Ihren Mitarbeiter arbeiten soll

Diagramm 6–1. Entscheidungsproblem und Entscheidungsstil (Ebene 1, Fragebogen 5)

Der Zusammenhang arbeitsbezogener, erlebter Umweltturbulenz und die Bevorzugung bestimmter Entscheidungsmethoden wird in Tab. 6–5 deutlich.

Die Tendenz ist eindeutig: Je größer die erlebte Turbulenz der Umwelt, desto kooperativer tendieren Manager zu entscheiden. Es ist als müßten die Führungskräfte der Ebene 1 in turbulenten Situationen sich vor der Entscheidung der Auffassung ihrer engsten Mitarbeiter versichern. Die Selbstbeurteilung der Ebene 1 wird durch die Ergebnisse der Ebene 2 abgesichert. Hypothese β 3 wird damit bestätigt, wenn man von der interessanten Ausnahme absieht, daß die postulierte Beziehung nicht für SUB-Entscheidungen zutrifft. Direkt den Mitarbeiter betreffende Entscheidungen werden von Umweltturbulenzen weniger betroffen.

Betrachten wir nun die beruflichen Anforderungsmerkmale und ihre Beziehungen zum Entscheidungsstil.

Die Anforderungsmerkmale wurden, wie bereits in Kapitel 4.3 ausgeführt, im Vergleich zu den Anforderungsmerkmalen der Ebene 2 mit zwölf Fragen erfaßt (Likert-Skalen, 1 = meine Arbeit verlangt im Vergleich zur Ebene 2 sehr viel mehr an ....., 5 = meine Arbeit verlangt sehr viel weniger an .....). Die zwölf Fragen wurden dann in den drei faktorenanalytisch gewonnenen Indexvariablen (Unternehmerqualitäten, Interper-

Tab. 6–5. Umweltturbulenz und Entscheidungsverhalten (Ebene 1 und 2) (In DEPT, EMP, SUB und SPEC beurteilt E 2 das Verhalten von E 1, Ebene 1, N = 106; Ebene 2, N = 106), Korrelationskoeffizienten

Turbulenz	DCS-Werte									
	DEPT		EMP		SUB		SPEC		FB 6	
	E 1	E 2	E 1	E 2	E 1	E 2	E 1	E 2	E 1	E 2
Allgemeine Unsicherheit	–.18	–.30**	–.21*	–.25**	–.16	.01	–.22**	–.26**	–.26**	–.26**
Regierungs-, Fiskaleinflüsse	–.11	–.18	–.06	–.04	–.07	.01	–.07	–.09	–.06	–.05
Durchschnitt FB 9	–.17	–.30**	–.18	–.19*	–.15	–.02	–.19*	–.22*	–.19*	–.18

Tab. 6–6. Anforderungsmerkmale der Tätigkeit (F 2) und Entscheidungsverhalten (Ebene 1), Korrelationskoeffizienten

Anforderungsmerkmale	Entscheidungsmethoden				
	DEPT-DCS	EMP-DCS	SUB-DCS	SPEC-DCS	Allgemeiner Entscheidungsstil (Frageb. 6)
Unternehmereigenschaften	–.09	–.05	–.16	–.13	–.27*
Interpersonale Fähigkeiten	–.19*	–.21*	–.23*	–.27**	–.25**
Technische Kompetenz	–.20*	–.15	–.22*	–.24*	–.25**
Durchschnitt aller Anforderungen	–.19*	–.16	–.25**	–.26**	–.34**

sonale Fähigkeiten, Technische Kompetenz) aggregiert. Die in Tab. 6–6 wiedergegebenen, ausschließlich negativen Koeffizienten bedeuten somit: Je fordernder ein Manager seine Arbeit im Vergleich zu der seines Untergebenen erlebt, desto mehr tendiert er dazu, einen zentralistischen Entscheidungs- und Führungsstil zu wählen. Ein hoher Anforderungsdruck scheint mit einer negativen Beurteilung der Untergebenenqualifikation Hand in Hand zu gehen.

Da im Fragebogen Nr. 2 die Richtung der Skalen für Ebene 2 entgegengesetzt zur Richtung bei Ebene 1 verlief (1 = meine Arbeit verlangt sehr

Tab. 6–7. Anforderungsmerkmale der Tätigkeit (F 2) und Entscheidungsverhalten (Ebene 2 beurteilt das Verhalten von Ebene 1), Korrelationskoeffizienten

Anforderungsmerkmale	Entscheidungsmethoden				
	DEPT-DCS	EMP-DCS	SUB-DCS	SPEC-DCS	Allgemeiner Entscheidungsstil (F 6)
Unternehmereigenschaften	–.28**	–.31*	–.21*	–.37**	–.05
Interpersonale Fähigkeiten	–.29**	–.15	–.19	–.29**	–.14
Technische Kompetenz	–.21*	–.18	–.11	–.23*	–.13
Durchschnitt aller Anforderungen	–.37**	–.24**	–.24**	–.28**	–.11

viel weniger als die des Vorgesetzten, 5 = sehr viel mehr) bedeutet Tab. 6–7: Je fordernder ein Mitarbeiter der Ebene 2 seine eigene Arbeit im Vergleich zu der des Vorgesetzten erlebt, desto kooperativer sieht er seinen Vorgesetzten entscheiden.

Auch Hypothese β 4 wird damit durch unsere Daten bestätigt: Das Entscheidungsverhalten steht in engem Bezug zu den erhöhten Anforderungsqualitäten der eigenen Arbeit.

6.3 γ-Hypothesen: Organisatorische Mikrostruktur als Kontingenzfaktor

Zwei Variablengruppen wurden zur Betrachtung der organisatorischen Mikrostruktur herangezogen:

(1) der Aktions- und Dispositionsspielraum, den eine Führungskraft innerhalb einer Organisation besitzt,

(2) der Verantwortungsumfang eines Managers, gemessen an seiner Abteilungsgröße und seiner Kontrollspanne.

Gemäß Hypothese γ 1 war zu erwarten, daß Entscheidungsstil, Auslastungsgrad und Zufriedenheit in einem signifikanten Kovarianzverhältnis zum Aktions- und Gestaltungsspielraum stehen, den ein Manager in seinem Unternehmen hat.

Für den Entscheidungsstil wird diese Hypothese durch unsere Ergebnisse aus der Ebene 1 nicht gestützt. Dasselbe gilt für Ebene 2 hinsichtlich bestimmter mikrostruktureller Bedingungen: Zeitdruck und Autoritätsumfang gegenüber Mitarbeitern. Für den Arbeitsdruck und organisatorischen Dispositionsspielraum ergibt sich auf Ebene 2 jedoch ein frappierendes Bild (Tab. 6–8).

Tab. 6–8. Organisatorische Mikrostruktur und Entscheidungsstil (DCS-Werte) (Ebene 2 beurteilt Ebene 1, N = 106), Korrelationskoeffizienten

	DEPT	EMP	SUB	SPEC
Organisat. Dispositionsspielraum	.27**	.28**	.09	.26**
Arbeitsdruck	–.21*	–.16	–.09	–.18

Je eingeschränkter der Freiheitsraum der 2. Ebene ist, desto autoritärer erlebt sie den Entscheidungsstil ihrer Vorgesetzten; andererseits: je intensiver der eigene Arbeitsdruck erlebt wird, desto kooperativer sieht man den Vorgesetzten entscheiden. Das letztere Ergebnis steht völlig in Übereinstimmung mit unseren Befunden über die Wahrnehmung der eigenen Arbeitsanforderung und den Entscheidungsstil des Vorgesetzten (Tab. 6–7). Wir haben es hier mit einer ebenenspezifischen, teilweisen Bestätigung der Hypothese γ 1 zu tun.

Ähnlich überraschend der Zusammenhang zwischen mikrostrukturellen Organisationsbedingungen und dem Auslastungsgrad von Managern (Tab. 6–9).

Tab. 6–9. Organisatorische Mikrostruktur und Auslastungsgrad (Ebene 1, N = 106), Korrelationskoeffizienten

	Zeitdruck	Org. Spielraum	Autoritäts-umfang	Arbeitsdruck
Auslastungsgrad	–.04	.11	.25**	.14

Für den Autoritätsumfang bedeutet die positiv signifikante Korrelation: Je mehr Autorität ein Vorgesetzter gegenüber seinen unterstellten Mitarbeitern hat, desto größer ist sein (!) Auslastungsgrad (desto geringer sein erlebtes Nutzungsdefizit).

Darüber hinaus bestehen zwischen organisatorischer Mikrostruktur und dem Auslastungsgrad der Manager keine signifikanten Beziehungen.

Aufschlußreich ist weiterhin der Zusammenhang zwischen mikrostrukturellen Organisationsmerkmalen und der Arbeitszufriedenheit leitender Mitarbeiter (Tab. 6–10).

Während bei Ebene 1 ein signifikanter Zusammenhang zwischen dem eigenen Freiheitsraum (org. Dispositionsspielraum) und der Zufriedenheit besteht, so ist dieser Zusammenhang bei Ebene 2 wohl tendenziell (aber nicht signifikant) gegeben, verblaßt jedoch gegenüber dem Zusammenhang zwischen Autoritätsumfang (gegenüber unterstellten Mitarbeitern) und Zufriedenheit. Dieser Zusammenhang ist für Ebene 1 nur hinsichtlich der Zufriedenheit mit dem oberen Management stark ausgeprägt. Generell gilt jedoch: Je eingeengter Führungskräfte sich durch organisatorische Regelungen und Strukturen erleben, desto unzufriedener sind sie mit dieser Situation. Zeit- und Arbeitsdruck spielen dabei keine Rolle – auch hier nur eine Teilbestätigung der Hypothese γ1.

Hypothese γ2 forderte eine signifikante Beziehung zwischen den mikrostrukturellen Variablen Abteilungsgröße sowie Kontrollspanne und dem Entscheidungsverhalten. Ein korrelationsstatistischer signifikanter Zu-

Tab. 6–10. Mikrostrukturelle Organisationsmerkmale und Arbeitszufriedenheit, Korrelationskoeffizienten

Mikrostruktur	Ansehen in Firma		Zufr. mit höherem Management		Zufr. in 3 Jahren		Allg. Zufr.		Durchschnitt	
	E1	E2	E1	E2	E1	E2	E1	E2	E1	E2
Zeitdruck	–.10	.11	.09	.16	–.02	.15	–.01	.10	.16	.00
Org. Dispositionsspielraum	.21*	.18	.20*	.18	.22*	.05	.10	.16	.17	.24**
Autoritätsumfang	.07	.16	.29**	.26**	.02	.19*	.08	.26**	.26**	.16
Arbeitsdruck	.00	–.01	.11	–.06	.10	.04	.01	–.10	–.04	.07

sammenhang scheint zwischen den Variablen nicht zu bestehen. Immerhin zeichnet sich für Manager der Ebene 1 hinsichtlich der Abteilungsgröße eine Tendenz ab, die in der Richtung der hypothetischen Aussage liegt. Die Korrelationskoeffizienten zwischen Abteilungsgröße und Entscheidungsstil (E1) sind: DEPT-DCS −.16, EMP-DCS −.17, SUB-DCS −.17, SPEC-DCS −.18, Fragebogen 6 – DCS −.17. Je größer die Abteilung, die ein Manager der Ebene 1 leitet, desto mehr tendiert er dazu, seine Entscheidungen dezentral zu treffen.

6.4 δ-Hypothesen: Organisatorische Makrostruktur und Fertigungstechnologie als Kontingenzfaktoren

Zur Betrachtung makrostruktureller Einflüsse auf das Entscheidungsverhalten, auf die Nutzung verfügbarer Fähigkeiten und auf die Arbeitszufriedenheit wurden die befragten Führungskräfte nach ihrer Zugehörigkeit zu drei Größenklassen der Untersuchungseinheiten in drei Gruppen aufgeteilt:

A – kleine Einheiten (< 2500 Angehörige)
B – mittlere Einheiten (2500–5000 Angehörige)
C – große Einheiten (> 5000 Angehörige)

Varianzanalysen der bevorzugten Entscheidungsstile (DCS-Werte) und der Nutzung verfügbarer Fähigkeiten erbrachten für beide Ebenen keinen signifikanten Zusammenhang mit den gebildeten Größenklassen. Dasselbe gilt für die Zufriedenheitswerte der Ebene 2. Ein signifikanter Zusammenhang ($p = < .05$) besteht jedoch zwischen der Arbeitszufriedenheit der Ebene 1 und den drei Größenklassen (Tab. 6–11).

Tab. 6–11. Zugehörigkeit zu verschiedenen Größen der Untersuchungseinheiten und Arbeitszufriedenheit der Ebene 1

	Durchschnittlicher Zufriedenheitswert	N
kleine Einheiten (< 2500)	2.6	46
mittlere Einheiten (< 5000)	3.3	43
große Einheiten (> 5000)	2.9	42

(Anmerkung: Zufriedenheitsmessung anhand einer 7-Punkte Skala: 1 = sehr zufrieden, 7 = sehr unzufrieden).

Es fällt auf, daß Manager in mittelgroßen Untersuchungseinheiten den niedrigsten Zufriedenheitsgrad aufweisen und Manager in kleineren Einheiten am zufriedensten zu sein scheinen.

Gruppiert man die teilnehmenden Manager der Ebene 1 nach der Art der Untersuchungseinheit (d. h. eine Produktionsstätte oder Hauptverwaltung eines Unternehmens mit größerer Produktionsstätte), so zeigt sich ein signifikanter Einfluß der Art der Untersuchungseinheit auf den Entscheidungsstil der Führungskräfte: Manager in reinen Produktionsstätten entscheiden dezentraler (DCS = 2.9) als Manager in Hauptverwaltungen mit Produktionseinheiten (DCS = 3.1). Signifikante Auswirkungen der Art der Untersuchungseinheit auf den Grad der Nutzung verfügbarer Fähigkeiten und die Arbeitszufriedenheit konnten nicht festgestellt werden.

Neben Größe und der Art der Untersuchungseinheit wurde die vorherrschende Technologie des Unternehmens als Einteilungsgesichtspunkt zugrunde gelegt. Dies geschah einmal im Hinblick auf die von Woodward (1965) vorgelegte Klassifikation von Manufakturfirmen:

A – Einzel- und Kleinserienfertigung
B – Großserien- und Massenfertigung
C – Prozeßfertigung

Ein maßgeblicher Einfluß auf alle drei Meßvariablen (Entscheidungsstil, Nutzung verfügbarer Ressourcen und Arbeitszufriedenheit) wurde nicht festgestellt.

Nimmt man jedoch die Firmen als Einteilungskriterien für die teilnehmenden Manager und betrachtet die Varianzen des Entscheidungsstil über Firmen hin, so ergeben sich signifikante Zusammenhänge mit dem Entscheidungsstil (Tab. 6–12). Zwei verschiedene Interpretationen bieten sich an: Die Zugehörigkeit zu einer bestimmten Firma beeinflußt das Entstehen eines vorherrschenden Entscheidungsstils. Da die Auswahl unserer Firmen jedoch mit der Zugehörigkeit zu verschiedenen Branchen übereinstimmte, könnte weitergehend hypothetisch formuliert werden: die Zugehörigkeit zu einer bestimmten Branche ist das ausschlaggebende Moment für die Art des vorherrschenden Entscheidungsstils leitender Mitarbeiter.

Teilt man Manager nach ihrer Zugehörigkeit zu Produktions- bzw. Dienstleistungsunternehmen in zwei Gruppen ein, so zeigt sich ein hoch signifikanter Unterschied beider Gruppen im Entscheidungsstil (Produktion DCS = 2.6, Dienstleistung DCS = 3.3). Dieser Befund scheint die Vermutung zu bestätigen, daß globalere Aspekte, wie etwa Branchenzugehörigkeit, eher als bloße Firmenunterschiede maßgeblich den Entscheidungsstil in Unternehmen beeinflussen.

Eine weitere Einteilung der Manager der Ebene 1 wurde schließlich nach ihrer Mitgliedschaft in Unternehmen unterschiedlicher Besitzverhältnisse und Marktorientierungen vorgenommen. Die teilnehmenden Firmen zerfielen in drei Gruppen mit je entsprechenden durchschnittlichen DCS-Werten (Tab. 6–13).

Tab. 6–12. Firmenzugehörigkeit und Entscheidungsstil (Varianzanalyse der DCS-Werte)

Firmen-Code	Decision Centralization Score – DCS									
	SPEC		SUB		EMP		DEPT		Fragebogen 6	
	E1	E2	E1	E2	E1	E2	E1	E2	E1	E2
51	2.6	2.5	3.2	3.0	2.2	2.3	3.0	2.2	2.6	2.8
52	2.6	2.4	3.2	2.6	2.5	2.2	2.5	2.5	2.4	2.6
53	3.2	2.6	3.6	2.8	3.2	2.6	3.2	2.5	2.8	2.7
54	2.6	2.7	3.1	3.0	2.4	2.6	2.7	2.6	2.5	2.9
55	2.7	2.4	3.1	2.9	2.5	2.2	2.8	3.4	2.2	2.8
56	2.8	2.3	3.3	2.8	2.6	2.0	2.7	2.4	2.7	2.7
57	2.8	2.6	3.1	2.9	2.5	2.5	2.8	2.6	2.6	2.9
58	3.4	2.7	3.3	3.1	3.7	2.7	3.4	2.7	2.4	2.8
59	3.2	2.3	3.6	3.0	2.9	2.0	3.3	2.1	3.0	2.4
60	3.6	3.1	3.7	3.2	3.6	3.1	3.3	3.5	4.0	3.5
61	3.0	2.6	3.5	2.9	2.7	2.5	2.9	2.6	3.2	2.6
62	3.0	2.4	3.6	3.0	2.7	2.1	3.0	2.3	3.0	2.9
63	3.5	2.7	3.9	2.9	3.2	2.6	3.2	3.0	3.3	3.1
64	3.3	2.8	3.5	3.1	3.2	2.5	3.3	2.8	3.2	3.4
F-Ratio	3.0	3.0	2.0	1.1	3.4	2.9	1.3	2.9	5.4	2.0
Signifikanz-niveau	1%	0.1%	5%	–	0.1%	0.1%	–	1%	0.1%	5%

Tab. 6–13. Besitzverhältnisse/Marktorientierung und Entscheidungsstil

	DCS
A – Deutsche Firmen mit rein deutschem Markt (DF)	3.2
B – Deutsche multinationale Firmen mit Produktions- oder Betriebsdependencen im Ausland (DMF)	2.8
C – Ausländische (internationale) multinationale Firmen (IMF)	2.3

Die Unterschiede der DCS-Werte (zweiseitiger T-Test) sind wiederum hoch signifikant ($p = < 0.01$): Leitende Manager von internationalen, multinationalen Unternehmen beschreiben ihren Führungsstil signifikant dezentraler als es ihre Kollegen in deutschen, multinationalen Firmen tun, die andererseits glauben, einen signifikant dezentraleren (kooperativeren) Führungsstil zu pflegen als vergleichbare Kollegen in rein deutschen Unternehmen.

Damit scheint die Hypothese δ1 durch unsere Ergebnisse weitgehend bestätigt zu sein. Es bestehen systematische Zusammenhänge zwischen makrostrukturellen Merkmalen wie der Art der Untersuchungseinheit, der Branchen- (oder Firmen-) Herkunft, der Produktorientierung (Produktion oder Dienstleistung) sowie der Besitz- und Marktverhältnisse mit allen oder einzelnen unserer Kernvariablen: Führungs- und Entscheidungsstil, Nutzung verfügbarer Ressourcen und Arbeitszufriedenheit.

6.5 Interaktionshypothesen

Die Interaktionshypothesen hatten zum Ziel, das relative Gewicht von Besonderheiten der diadischen Beziehung zwischen Vorgesetzten und untergebenen Mitarbeitern für die Erklärung verschiedener Variablen zu überprüfen. Es wurden dabei zwei Besonderheiten herausgegriffen: die Wahrnehmung des Vorgesetzten-Entscheidungsstils durch den Untergebenen und die Wahrnehmungsunterschiede in der Beurteilung verfügbarer menschlicher Ressourcen auf Ebene 2. In beiden Fällen handelt es sich um Sonderfälle der sozialen Wahrnehmung.

Hypothese I1 formuliert die klassische Annahme über Wirkungen der Partizipation: Partizipation führt zu besserer Nutzung und Entfaltung vorhandener Anlagen und Fertigkeiten, was größere Zufriedenheit zur Folge hat. Hier wird die Interdependenz unserer drei Kernvariablen thematisiert. Um so mehr überrascht, daß aufgrund unserer Datenlage diese hypothetische Verbindung so einfach nicht zu sein scheint. Zwischen dem jeweils auf Ebene 2 erlebten Entscheidungsstil des Vorgesetzten und der Auslastung des Untergebenen besteht korrelationsstatistisch keine signifikante Beziehung. Ebenso wenig besteht sie zwischen Entscheidungsstil und Zufriedenheit, obwohl sich nach den Vorzeichen der Korrelationskoeffizienten zumindest eine leichte (nicht signifikante) Tendenz in die postulierte Richtung abzuzeichnen scheint: je partizipativer der Entscheidungsstil des Vorgesetzten erlebt wird, desto zufriedener tendieren die Untergebenen zu sein (Tab. 6–14).

Andererseits haben wir bereits den engen Zusammenhang zwischen Auslastung und Zufriedenheit festgestellt (Tab. 6–3).

Tab. 6–14. Entscheidungsstil der Vorgesetzten und Zufriedenheit der Untergebenen, Korrelationskoeffizienten

	Ansehen in Firma	Zufr. mit oberem Managem.	Zufr. in 3 Jahren	Allg. Zufr.	Durchschnitt aller Fragen
DEPT–DCS	–.02	.11	.05	.00	.05
EMP–DCS	.07	.12	.09	.10	.11
SUB–DCS	.13	.10	.17	.15	.16
SPEC–DCS	.10	.16	.15	.15	.17

Hypothese I1 kann mit unseren Daten also nicht gestützt werden. Vielmehr scheinen Zufriedenheit und Auslastung weitgehend unabhängig vom Entscheidungsstil des Vorgesetzten zu sein. Beide Variablengruppen stehen offensichtlich in weiteren Beziehungszusammenhängen.

Unser Ergebnis steht teilweise im Widerspruch zu den von Stogdill (1974, Tab. 22) referierten Forschungsarbeiten über den Zusammenhang partizipativer Führung und Zufriedenheit, von denen die meisten eine positive Beziehung feststellen. Bei einigen der von ihm referierten Untersuchungen ließ sich dieser Zusammenhang jedoch auch nicht nachweisen.

Zur Überprüfung der Hypothese I2 über die Rolle der Urteilsdifferenzen verfügbarer Ressourcen auf Ebene 2 wurde ein Verfahren angewandt, das andernorts bereits beschrieben wurde (Wilpert und Heller 1973). Als erster Schritt wurden die firmenspezifischen durchschnittlichen Urteilsdifferenzen der beiden Ebenen im Fragebogen Nr. 3 („Ressourcen") berechnet (vgl. Tab. 5–8, aus der die durchschnittlichen Urteilsdifferenzen sämtlicher Manager beider Ebenen hervorgehen). Für jede Firma konnte dann ein Δ-Wert berechnet werden, indem die durchschnittliche Differenz der Urteile beider Ebenen einer Firma in Prozentsätzen vom durchschnittlichen Wert der Ebene 1 ausgedrückt wurde. Diagramm 6–2 macht die drastischen Unterschiede in den Δ-Werten der einzelnen Firmen deutlich. Auf dieser Grundlage ließen sich die Firmen in zwei Gruppen einteilen: 4 Firmen mit hohem Δ-Wert (oberhalb einer Standardabweichung vom durchschnittlichen Δ-Wert: 78,8%) und 3 Firmen mit niedrigem Δ-Wert (unterhalb einer Standardabweichung vom durchschnittlichen Δ-Wert). Die Firmen im Bereich der Standardabweichung blieben außer acht.

Die Korrelation zwischen den absoluten Werten der Ressourceneinschätzung der Manager (E1) aus Firmen hoher Δ-Werte mit der Summe der von ihnen angegebenen Entscheidungsmethoden III, IV und V ergab einen Koeffizienten von $r = -.76$. Umgekehrt ergab die gleiche Korre-

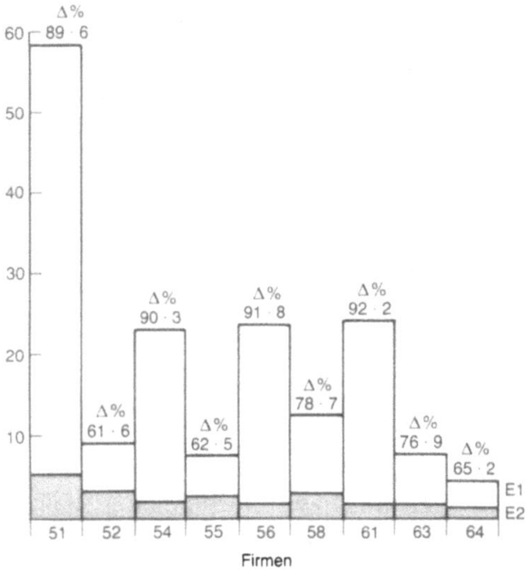

Diagramm 6–2. Unterschiedliche Wahrnehmung verfügbarer Ressourcen auf Ebene 2. Notwendige Zeit (in Monaten) für Ebene 2, um die notwendigen Fertigkeiten für die Arbeit der Ebene 1 zu erlernen. E1 beurteilt E2, E2 beurteilt sich selbst.

lation bei Managern aus Firmen mit niedrigem Δ-Wert ein r = .81. Die Resultate dieser relativ umständlichen Prozedur sind recht einfach zu erläutern: Manager aus Firmen, in denen eine große durchschnittliche Wahrnehmungsdifferenz zwischen E1 und E2 herrscht, geben im Schnitt auch relativ hohe absolute Lernzeiten für ihre Untergebenen an. Je höher die angegebenen Lernzeiten, desto weniger verwenden sie kooperative Entscheidungsmethoden (III, IV und V). Umgekehrt tendieren Manager mit recht positiver Einschätzung ihrer Mitarbeiter (Angabe niedriger Lernzeiten) dazu, kooperative Entscheidungsverfahren zu benutzen; daher der positive Korrelationskoeffizient. – Es kann sein, daß die erstaunlich hohen Koeffizienten durch den Umstand mit in die Höhe geschraubt wurden, daß wir in der Dichotomisierung der Führungskräfte den Umweg über die Firmen gewählt haben und somit, im ersten Schritt wenigstens, die Einheit der Analyse vom individuellen Manager auf die Firma verschoben haben. Dadurch könnten „systemische" Verstärker aufgetreten sein, die unsere beiden Managergruppen zusätzlich homogenisierten und die Höhe der Koeffizienten beeinflußten: in Firmen mit hohem Δ-Wert besteht vielleicht ein Kommunikationsblock zwischen den beiden Untersuchungsebenen, man entscheidet nicht kooperativ, weil man überhaupt wenig miteinander redet, und daher kennt man auch nicht so recht die eigentlichen Fähigkeiten seines engsten Mitarbeiters. Es könnte also sein, daß so etwas wie eine Kollektiv-Struktur des Verhaltens (Weick 1969) die Ergebnisse determiniert. Eine solche Interpretation würde nichts daran ändern, daß diese Daten zumindest den Kern der Hypothese 12 stützen: der Umfang von Differenzen in der Ressourcen-Wahrnehmung steht in einer wichtigen Beziehung zum Entscheidungsverhalten. Es könnte aber sein, daß diese Aussage nur für Firmen gültig ist, in denen insgeamt ein großer Wahrnehmungssprung zwischen Managementebenen herrscht.

6.6 Regressionsanalyse

Um zusätzliche Hinweise auf das relative Gewicht der einzelnen Kontingenzfaktoren in ihrem Zusammenwirken und ihrer Beeinflussungsstärke der Kernvariablen zu erhalten, wurden schrittweise Regressionsanalysen durchgeführt. Der dabei benutzte Satz unabhängiger und abhängiger Variablen ist in Tab. 6–15 wiedergegeben. Die Auswahl der unabhängigen Variablen beschränkte sich auf Personenmerkmale, Aufgaben- und organisatorische Mikrostruktur.

Tab. 6–15. Variable der Regressionsanalyse

A. Abhängige Variable
(1) DEPT - DCS
(2) EMP - DCS
(3) SUB - DCS
(4) SPEC - DCS
B. Unabhängige Variable
Personenmerkmale
(1) Lebensalter
(2) Positionsalter
(3) Berufspraxis
(4) Bildungsstand
(5) Partizipationserwartungen
Aufgabenstruktur
(6) Arbeitsanforderungen
(7) Umweltturbulenz
(8–10) Veränderungserwartungen

Organisatorische Mikrostruktur

(11) Kontrollspanne
(12) Abteilungsgröße
(13) Dauer der Zusammenarbeit mit Ebene 2
(14) Ressourcen auf Ebene 2
(15) Autoritätsumfang
(16) Organisatorischer Dispositionsspielraum
(17) Arbeitsdruck
(18) Zeitdruck
(19) Fehleraufdeckung
(20) Technisches Wandlungstempo

Gegen die Durchführung von Regressionsanalysen mit nichtkontinuierlichen und skalar begrenzten Daten (etwa unser DCS-Wert, der nur zwischen 1 und 5 variieren kann) bestehen theoretische Bedenken. Bei den wichtigsten Variablen, die mit Likert-Skalen erfaßt waren, wurden die Rohdaten jedoch in Indikatoren aggregiert. Dadurch erhielten die der Regression zugrunde liegenden Daten einen kontinuierlicheren Charakter, d. h. die Häufung der Rohdaten in den einzelnen Skalenstufen 1, 2, 3, 4 oder 5 wurde dadurch nivelliert und die Standardabweichungen wurden kleiner, mithin Extremwerte von 1 oder 5 seltener. Die theoretischen Bedenken wurden daher zurückgestellt und die Regressionsanalysen durchgeführt. Die Ergebnisse sind in Tab. 6–16 zusammengefaßt, wobei immer dann Variable in der Reihenfolge ihrer schrittweisen Aufnahme in die Regression aufgeführt wurden, sofern sie in den einzelnen Schritten einen signifikanten ($p \leqq 0{,}05$) F-Wert aufwiesen.
Die Ergebnisse der Regressionsanalysen bestätigen im wesentlichen die Resultate der bi-variaten Betrachtungen. Noch stärker tritt hier freilich die besondere Rolle des Bildungsstandes hervor, der bei der Erklärung der Kernvariable „Entscheidungsverhalten“ des höheren Führungspersonals in großen Unternehmen Deutschlands fast durchweg als prädominant anzusehen ist. Ihm folgen die Erklärungsgrößen ‚Lebensalter‘ und ‚Zeitdruck‘. Der Faktor Zeitdruck (gebildet aus den Items 1. Arbeitsdruck, 7. Zeitmangel, 14. gefordertes Leistungstempo des Fragebogens 4. – „Arbeitsbedingungen“) wurde zwar weiter oben zu organisatorischen Mikrostruktur-Bedingungen gezählt, kann aber auch als Element der jeweiligen Aufgabenanforderungen angesehen werden.

Tab. 6–16. Schrittweise Regressionsanalyse: Entscheidungsverhalten Ebene 1, N = 51[1]

Abh. Variable	Unabhängige Variable	F-Wert	B[4]	Beta[4]
SPEC				
R[2] = 0.476	Bildungsstand	6,12	−0,148	−0,371
R̄[3] = 0.563	Lebensalter	4,78	0,010	0,143
	Zeitdruck	4,59	0,214	0,334
DEPT				
R = 0.609	Bildungsstand	12,99	−0,263	−0,570
R̄ = 0.665	Zeitdruck	8,93	0,271	0,366
	Fehleraufdeckung	7,24	0,016	0,044
	Ressourcen auf Ebene 2	6,01	−0,008	−0,349
	Arbeitsanforderungen	5,03	−0,363	−0,203
	Veränderungserwartungen	4,33	−0,071	−0,130
EMP				
R = 0,395	Lebensalter	4,66	0,018	0,198
R̄ = 0,599	Zeitdruck	4,55	0,241	0,283
	(Bildungsstand	3,80	0,164	−0,309 nicht signifikant)
SUB				
R = 0,383	Berufspraxis	5,50	0,002	0,329
R̄ = 0,552	Allg. Umweltturbulenz	4,13	−0,126	−0,203

[1] Die Gesamtzahl der Manager wurde geringer, weil die fehlende Beantwortung auch nur einer Frage des Fragebogens 5 („spezifisches Entscheidungsverhalten") die Berechnung der DCS-Werte für SPEC eines Managers unmöglich machte.

[2] R = Multipler Korrelationskoeffizient bei Berücksichtigung der signifikanten Variablen.

[3] R̄ = Multipler Korrelationskoeffizient der Gesamtregression.

[4] B- und Beta-Werte stammen der Einheitlichkeit wegen aus der Gesamtregression.

6.7 Zusammenfassung

Die meisten der in Kapitel 3 zusammengefaßten elf Hypothesen über den Zusammenhang von Kontingenzfaktoren und Kernvariablen ließen sich ganz oder teilweise durch unser Datenmaterial stützen (s. Tab. 6–17). Keine oder allenfalls nur unbedeutende, statistisch nicht signifikante Bestätigungen fanden nur drei Hypothesen:

- Hypothese β1 über die Abhängigkeit des Entscheidungsstils von der hauptsächlichen beruflichen Funktion;
- Hypothese γ2 über die Abhängigkeit des Entscheidungsstils vom Verantwortungsumfang (Gesamtzahl aller unterstellten Mitarbeiter) und der Kontrollspanne;

– Hypothese I1 über den engen Zusammenhang zwischen Entscheidungsstil einerseits und Auslastungs- und Zufriedenheitsgrad andererseits.

Kapitel 7 bringt eine Zusammenfassung und Einordnung der wichtigsten Ergebnisse.

Tab. 6–17. Synopse der Resultate: Zusammenfassung der Kontingenzfaktoren und Kernvariablen

Hypothesen	Kontingenzfaktoren →		Kernvariable[1]					
Teil- oder volle Bestätigung: (+) Nicht-Bestätigung: (−)	(quasi-)objektive Variable	Wahrnehmungsvariable	Entscheidungsstil[2] E1	E2	Auslastung E1	E2	Zufriedenheit E1	E2
Personenmerkmale	Berufspraxis (Betriebsalter)		√					
(+) H α 1–2	Lebensalter		√					√
(−) keine	Bildungsstand		√					√
		Auslastungsgrad					√	√
Aufgabenstruktur	Problemtyp der Entscheidung		√	√				
(+) H β 2–4		Umweltunsicherheit	√	√				
(−) H β 1		Anf. Unternehmerqualitäten	√	√				
		Anf. Interpers. Kompetenz	√	√				
		Anf. Techn. Komp.	√	√				
Orig. Mikrostruktur		Zeitdruck	√					
(+) H γ 1		Org. Dispositionsspielraum		√				
(−) H γ 2		Arbeitsdruck		√				
	Abteilungsgröße	Autoritätsumfang	?		√		√	√

Org. Makrostruktur	Organisationsgröße				√
(+) H δ 1	Art d. Untersuchungseinheit		√		
(−) keine	Branchenzugehörigkeit		√		
	Produktionsorientierung		√		
	Besitz/Marktverhältnis		√		
Interaktionsmuster					
(+) H I 2		Differenz Ressourcen	√		
(−) H I 1		Entscheidungsstil von E1[2]			?

[1] Ein √ bedeutet, daß signifikante Beziehungen zwischen Kontingenz- und Kernvariablen bestehen.
[2] E2 beurteilt den Entscheidungsstil von E1.

7. Die Ergebnisse in Perspektive

Mit den abschließenden Überlegungen soll versucht werden, die wichtigsten Befunde vorsichtig in laufende wissenschaftliche Diskussionen einzubringen und ihre mögliche Bedeutung für Praxisprobleme aufzuzeigen.

7.1 Wissenschaftliche Fragestellungen

Die herkömmliche Erforschung des Führungsverhaltens hat Führung vorwiegend als unabhängigen Faktor aufgefaßt (Pfeffer und Salancik 1975) und danach gefragt, welcher Führungsstil welche Resultate in der Befindlichkeit der Untergebenen oder in der Erreichung der Organisationsziele zeitigt. Wohl war es durch Praxis- und Wissenschaftserfahrungen belegt, daß es unterschiedliche Formen des Führungsverhaltens gab. Systematisch wurde die Frage nach den Grenz- und Rahmenbedingungen für Führungsstile jedoch nicht gestellt. Implizit oder explizit ging man davon aus, daß es ein einzig bestes Führungsverhalten gäbe, dem man sich tunlichst zu nähern habe. Die Folge war das Entstehen ganzer Industriezweige, die einseitig orientierte Managementkonzepte und Führungsmodelle in Schulungen, Beratungsverträgen, Zeitschriften und Publikationen an den Manager brachten. Dadurch wurde ohne Frage ein Bewußtwerdungsprozeß eingeleitet, der erstmals eingefahrene Führungspraxis zu hinterfragen begann. Ganz sicher waren aber auch Enttäuschung, Verunsicherung, Verbitterung die Folge, wenn die Einführung eines neuen Managementstils scheiterte oder wohlgemeinte Vorsätze im Anschluß an die vermittelnde Schulung bald wieder im Unternehmensalltag vergessen waren.

Die Umkehrung oder zumindest die Relativierung dieser vom Führungsverhalten als gegebener Größe ausgehenden Betrachtungsweise erfolgte mit dem Aufkommen des Kontingenz- bzw. Situationsansatzes. Führung wurde als abhängiger Faktor oder zumindest als ein Interaktionsfaktor innerhalb jeweils unterschiedlicher situativer Konstellationen gesehen. Die Suche begann nach wichtigen Strukturmerkmalen von Akteuren (Führern und Untergebenen) und situativen Chancen und Grenzen für die Verwirklichung „angepaßter“, situationsangemessener Führungsformen. Damit begann die Hoffnung zu keimen, daß man das rechte Mittelmaß einer

Theoriebildung zwischen universalen Führungsprinzipien und Organisationen als unvergleichbaren Individualitäten gefunden habe (Kast und Rosenzweig 1973). Indessen aber entsteht bereits wieder eine neue Gefahr der Verabsolutierung: eine allzu frühzeitige Zusammenfassung verschiedener kontingenztheoretischer Ansätze, deren Vereinbarkeit nicht gesichert ist (Moberg und Koch 1975). Die Rechtfertigung des Situationsansatzes in der Organisationstheorie ist nach wie vor in seinen heuristisch überzeugenden Versuchen zu sehen, Wirkungsfaktoren und Bedingungsstrukturen des Verhaltens von und in Organisationen schrittweise zu erhellen. Eine umfassende Einheitstheorie erscheint jedoch frühreif.

Doch zu den Ergebnissen im einzelnen:

7.1.1 Variabilität des Führungsverhaltens

Unsere Ergebnisse bestätigen eine Grundannahme situationsorientierter Führungsforschung eindeutig: Führungskräfte, in ihrer überwältigenden Mehrheit, sind in ihrem Entscheidungsverhalten flexibel: nur 1% der befragten Manager berichten, daß sie unabhängig von den Umständen immer nur eine bestimmte Entscheidungsmethode wählen. Mit variierenden Prozentsätzen, die vermutlich auch durch die unterschiedlichen Erhebungsverfahren zu erklären sind, ist dieses Ergebnis der Führungsflexibilität bereits zu häufig belegt worden (s. u. a. Blankenship und Miles 1968, Heller 1971, Zepf 1972, Hill 1973, Vroom und Yetton 1973, Bass et al. 1975), als daß es noch ernsthaft infrage gestellt werden könnte. So stellt sich die Frage: Ist die Wahl einer Entscheidungsmethode zufällig oder nicht? Gegen eine Zufälligkeit des Entscheidungsverhaltens spricht die Tatsache, daß nicht gleiche Prozentsätze auf die fünf von uns erfaßten Methoden entfallen. Die Wahl ist also beeinflußt durch andere Größen.

7.1.2 Die Rolle von Aufgaben- und organisatorischer Mikrostruktur

Aufgrund unserer Ergebnisse kann man wohl etwas weitergehen als nur achselzuckend zu sagen: „Es hängt halt davon ab". In erster Linie scheinen Aufgaben- und organisatorische Mikrostrukturen in einem engen Beziehungszusammenhang und vermutlich auch Bedingungszusammenhang zur Wahl des Entscheidungsverhaltens zu stehen. Daneben stehen aber sogleich wichtige Personenmerkmale: das Lebensalter, Berufserfahrung und der Bildungsstand. In Situationen hoher Umweltturbulenz und Geschäftsunsicherheit, bei hohem Grad quantitativer und qualitativer Arbeitsanforderungen und bei gleichzeitig als qualifiziert eingeschätzten Mitarbeitern werden offensichtlich Bedingungen gesetzt, die einen kooperativen Führungsstil nahelegen. Um so mehr, wenn der Vorgesetzte jung ist und einen hohen Ausbildungsstand besitzt. Ein zentraleres Entscheidungsverhalten müßte in solchen Situationen mit hohen Kosten für die technische Qualität der Entscheidung verbunden sein. Umgekehrt gilt auch, daß bei relativ vorhersagbaren Aufgaben, hohem Zeitdruck und bei minderqualifizierten Mitarbeitern ein zentraleres Entscheidungsverhalten gegeben ist. Die Qualität von Routineentscheidungen läßt sich durch Partizipation nicht oder zu wenig verbessern. Qualitätsverbesserung wird aber unzweideutig als der wesentliche Sinn eines kooperativen Führungsverhaltens von unseren beiden Führungsebenen angesehen. Diese Wertpräferenz muß wohl als integraler Bestandteil von Entscheidungssituationen mit berücksichtigt werden.

Die in unseren Ergebnissen deutlich werdende Kovarianz von Entscheidungsverhalten und Umweltturbulenz bestätigt Hypothesen und Befunde anderer Autoren (z. B. Emery und Trist 1965, Lawrence und Lorsch 1967). Das von diesen Autoren benützte Konstistenztheorem des Organisationsverhaltens zur Umweltturbulenz scheint angesichts unserer Daten zur Kovarianz von Führungsstil und Aufgaben- bzw. organisatorischer Mikrostruktur allgemeinere Gültigkeit zu haben: Führungsverhalten ist durch eine Tendenz zur „angemessenen" Paßform von Aufgabenstruktur und engeren Organisationsmerkmalen einerseits und dem Grad der Zentralisation der Entscheidung beim Vorgesetzten geprägt. Ein wichtiges Kriterium scheint dabei der (technische) Qualitätsbedarf einer Entscheidung zu sein (Vroom und Yetton 1973).

7.1.3 Die Rolle persönlicher Merkmale

Alter und Bildungsstand scheinen zur Anwendung bestimmter Führungsformen beide ein bedeutendes, wenn auch gegenläufiges Beziehungsverhältnis zu haben. Mit wachsendem Alter nimmt bei unseren Managern die Neigung zur Anwendung zentralerer Entscheidungsmethoden zu. Formal weiter ausgebildete Manager entscheiden kooperativer als ihre weniger ausgebildeten Kollegen. Es fällt auf, daß in der Regressionsanalyse das Gewicht des Erziehungsstandes in beiden Ebenen vor allem in der Selbstbeschreibung des allgemeinen Führungsstils ein besonderes Gewicht zu haben scheint. Dies mag damit zusammenhängen, daß der Fragebogen 6 („Allgemeines Entscheidungsverhalten“) durch den Allgemeinheitsgrad seiner Frageformulierung mehr ein Einstellungsmaß zu Führungsstilen als eine Beschreibung eigenen Verhaltens ist. So könnte es sein, daß hier ein „Zeitgeist-“ und Sozialisationseffekt durchschlägt: im Rahmen einer längeren Ausbildung war man mehr den neueren Lehren zur kooperativen Führung ausgesetzt – „kooperativ sein ist ‚in‘“, und damit will man sich identifizieren. Beim spezifischen Entscheidungsverhalten (Fragebogen 5), der durch seine konkreten Entscheidungsfälle realitätsbezogener ist, wird bei Ebene 1 das Lebensalter wieder zu einem besonders wichtigen Faktor.

7.1.4 Die Rolle des Entscheidungsproblems

Der Grad, in dem Angehörige unterer hierarchischer Ebenen an Entscheidungen mitwirken und deren Ausgang beeinflussen können, hängt weitgehend mit von dem Typ des Entscheidungsproblems ab. Dies ist eine bereits mehrfach empirisch belegte Erkenntnis. Tannenbaum et al. (1974) zeigen in einer international vergleichenden Studie in fünf Ländern, daß Betriebsangehörige einen größeren Einfluß auf Arbeitsplatzentscheidungen haben als auf solche Entscheidungen, die den gesamten Betrieb betreffen. Zwei Ausnahmen gibt es dabei: Kleinbetriebe in Israel (Kibbuz) und Jugoslawien. Hier scheint die egalitäre Grundideologie sich durchgesetzt zu haben, und es besteht kein Einflußunterschied, was sich aber in größeren Betrieben wieder in Richtung einer Einflußdifferenzierung zu verändern scheint. Ähnliches bestätigen die Untersuchungen von Heller (1971), Vroom und Yetton (1973), und in der Bundesrepublik hat die Arbeit von Zepf (1972) gezeigt, daß zwischen Personal-, Budget- und Organisationsentscheidungen charakteristische Unterschiede bestehen. Unsere Ergebnisse bestätigen die von Heller (1971) bei amerikanischen Managern: Am zentralsten werden Entscheidungen getroffen, die den Untergebenen direkt betreffen, gefolgt von Abteilungsentscheidungen und schließlich – am kooperativsten – Personalentscheidungen über Mitarbeiter des direkten Untergebenen. Die Ergebnisse Zepfs scheinen in diesem Punkt unseren Resultaten zu widersprechen: den niedrigsten Wert von allen seinen Dimensionen des Entscheidungsverhaltens erhält er bei Personalentscheidungen in der Kategorie „Zusammenarbeit mit den Untergebenen“. Da die Erhebungsmethoden unserer Untersuchungen nicht direkt vergleichbar sind, läßt sich nicht entscheiden, ob Meßfehler oder Sachgründe den Unterschied erklären könnten.

7.1.5 Die Rolle der organisatorischen Makrostruktur

Die Organisationssoziologie hat sich vorwiegend mit makrostrukturellen Aspekten, so wie wir sie für die Zwecke unserer Studie definiert haben, befaßt. Größe und Technologie waren dabei zwei zentrale Aspekte, deren Wirkungen und wechselseitige Beziehungen zu einer Vielfalt anderer Variablen untersucht wurden. Das aus diesen Untersuchungen entstehende Bild ist durchaus nicht einheitlich. Einige Autoren sehen in der Organisationsgröße eines der wichtigsten Korrelate anderer Organisationsmerkmale wie Formalisierung, Hierarchisierung, interne Spezialisierung und Ausprägung der Entscheidungszentralisation (Child 1973, Hickson et al. 1974). Gerade Zentralisation von Entscheidungen steht nach diesen Arbeiten in einem umgekehrten Verhältnis zur Größe: Je größer die Organisation, desto dezentraler die Entscheidungsfindung. Dieser Befund wird durch unsere Ergebnisse nicht bestätigt: Größe, für sich genommen, scheint keinen Einfluß auf den Grad der Entscheidungszentralisation zu haben. Hier muß jedoch sofort vermerkt werden, daß zwei unterschiedliche Begriffe und Messungen der Entscheidungszentralisation vorliegen: Bei uns ist es der durchschnittliche Grad der Beteiligung von unterstellten Mitarbeitern am Entscheidungsprozeß, gemessen in der diadischen Beziehung von Positionsinhabern zweier hierarchischer Ebenen. Bei den erwähnten organisationssoziologischen Arbeiten bezeichnet Entscheidungszentralisation den hierarchischen Ort (Vorstandsebene, Direktorenebene, Abteilungsleiterebene usw.), wo die zur Frage stehende Entscheidung normalerweise getroffen wird. Neben diesem begrifflichen steht noch ein meßtechnischer Unterschied, insofern als die für die Zentralisationsmessung herangezogenen Entscheidungen nicht identisch sind. Außerdem sind unsere Untersuchungseinheiten fast alle von einer anderen Größenordnung und müßten zu den größten Unternehmen bei den genannten Untersuchungen gezählt werden. Vor allem dieser Umstand könnte maßgeblich scin: Von einer gewissen Größenklasse an spielt ein weiterer Größenzuwachs von 500 Mitarbeitern keine so bedeutende Rolle wie der Größenunterschied von 50 zu 300 Belegschaftsmitgliedern. Durch Einbeziehung kleinerer Unternehmen und zusätzlicher Entscheidungen, welche die Entscheidungstypen vergleichbarer macht, müßte dieser Frage noch einmal nachgegangen werden, bevor man Aussagen darüber trifft, ob Organisationsgrößen einen wichtigen Bezug zur diadischen Interaktion von Vorgesetzten und unterstellten Mitarbeitern in Entscheidungen haben.

Legt man die grobe Technologie-Klassifizierung Woodwards (1965) zugrunde, so zeigt sich im Gegensatz zu ihren Befunden kein Zusammenhang mit dem Entscheidungsverhalten der Manager unserer untersuchten Unternehmen. Damit bestätigen unsere Ergebnisse die von Child (1973), nach dessen Auffassung das Kriterium der „vorherrschenden Technologie" zu grob angesetzt ist, um Zusammenhänge mit anderen Organisationsvariablen zu verdeutlichen: die Varianz unterschiedlicher technologischer Subsysteme innerhalb eines „vorherrschenden Systems" ist zu groß, um eindeutige Ergebnisse erwarten zu lassen.

Wichtig scheint jedoch das Ergebnis, daß unsere Firmen signifikante Unterschiede im Entscheidungsverhalten ihrer leitenden Angestellten aufwiesen. Es ist, als hätte sich in den einzelnen Firmen so etwas wie ein firmentypischer Führungsstil herausgebildet, eine Vermutung, die auch durch unsere Erfahrungen in den Gruppen-Feedback-Diskussionen erhärtet wird. Diese Kollektiv-Struktur des Verhaltens (Weick 1969) bestünde in unserem Fall in der relativen Einheitlichkeit der Interaktionsmuster zwischen Vorgesetzten und Untergebenen einer Firma. Da wir signifikante Unterschiede auch bei der Aufteilung unserer Firmen in Produktions- und Dienstleistungsunternehmen sowie in deutsche, deutsche multinationale und ausländische multinationale Unternehmen feststellen konnten, läßt sich vermuten, daß hier führungskonzeptionelle und management-philosophische Unterschiede durchschlagen, die mit bestimmten Rekrutierungsmustern (-notwendigkeiten?) einhergehen. Der Ausbildungsstand in unseren Dienstleistungsunternehmen (alles rein deutsche Firmen) ist signifikant niedriger als in den produktionsorientierten Firmen. Arbeitsmarkt und Aufgabenstruktur der Unternehmen treffen hier offenbar eine gewisse Auswahl. Daneben kann vermutet werden, daß die kosmopolitische Markt-Orientierung der multinationalen Firmen (alle produktionsorientiert) sich mit komplexeren und weniger vorhersagbaren Umweltanforderungen auseinanderzusetzen haben und somit gezwungen sind, alle Mitarbeiter intensiver in die Entscheidungsprozesse einzubeziehen. Das Entstehen solcher kollektiven Verhaltensstrukturen oder firmentypspezifischen Führungsmuster läßt sich unzweideutig mit Hilfe unserer Daten nicht belegen, zumindest aber spekulativ als möglich ansehen.

7.1.6 Auslastungsgrad und Zufriedenheit

Lebensalter und Berufserfahrung sowie allgemeine Vorhersagbarkeit der Arbeitsumstände scheinen für den Grad der Nutzung verfügbarer Ressourcen die wichtigste Rolle zu spielen: ältere Führungskräfte haben mehr als jüngere das Gefühl, ihre Fähigkeiten, Fertigkeiten und Erfahrungen im Unternehmen voll nutzen zu können. Für die Ebene 1 werden dann aber vor allem Elemente der organisatorischen Mikrostruktur von kritischer, moderierender Bedeutung: mit zunehmender Begrenzung ihres Aktions- und Freiheitsraumes, sei es durch organisatorisch verengte Dispositionsspielräume oder durch Begrenzung ihres Autoritätsumfangs, sinkt das Maß ihres erlebten Auslastungsgrades. Eine solche eindeutige Zuordnung gibt es für Ebene 2 nicht, auf der die Größe ihrer Verantwortung (Zahl der Mitarbeiter in ihrer Abteilung) in positivem und ihr Ausbildungsstand in negativem Bezug zur Auslastung steht: die höher ausgebildeten Führungskräfte der Ebene 2 fühlen sich weniger in der Lage, ihre Fähigkeiten in den Arbeitsprozeß adäquat einzubringen.

Von einigem Gewicht dürfte das Ergebnis sein, daß Nutzungsgrad und Arbeitszufriedenheit in keinem direkten Bezug zum Entscheidungsverhalten der Vorgesetzten stehen. Zumindest in der Auswahl unserer Manager hat die einfache Folge Partizipation → Zufriedenheit keine Gültigkeit. Ein Grund mag im instrumentalen Verständnis der kooperativen Führung liegen, das für beide Ebenen gleichermaßen charakteristisch ist: am wichtigsten beim partizipativen Führungsstil ist eben seine Eignung, die technische Qualität von Entscheidungen zu verbessern; zweitens dient er einer Verbesserung des Problemverständnisses, und erst in dritter Linie geht es um eine Erhöhung der Zufriedenheit von Mitarbeitern. Da aber ein kooperativer Führungsstil nicht in jeder Situation angemessen sein muß, müssen offensichtlich zusätzliche Bedingungen erfüllt sein, die bei partizipativer Führung zu größerer Zufriedenheit führen. Besondere Merkmale der Persönlichkeit von Untergebenen sind vermutlich ein Teil dieser Bedingungen. So zeigen neuere Arbeiten (Runyon 1973), daß die persönliche Erwartungshaltung gegenüber Führung und Kontrolle eine wesentliche Rolle spielt. Die Grundorientierung der Innen- oder Außengeleitetheit ist dabei entscheidend: „Innengeleitete" sind zufriedener unter partizipativer Führung, „Außengeleitete" unter direktiver Führung. Es handelt sich dabei um Variablen, die in unserer Untersuchung nicht berücksichtigt wurden, künftig in ähnlichen Studien aber mit aufgenommen werden sollten. Einstellungen und Erwartungshaltungen der im Interaktionsprozeß der Führung Beteiligten stehen demnach in einem komplizierten Interaktionsverhältnis zur Arbeitszufriedenheit, die einfache Aussagen nicht zuläßt. Wie sich aus den Interkorrelationen zwischen Merkmalen der organisatorischen Mikrostruktur und den Meßzahlen der Zufriedenheit ergibt (Tab. 6–10), bestehen zudem noch enge Beziehungen zwischen diesen beiden Merkmalen. Sie komplizieren das Gesamtbild der Zusammenhänge weiter. Angesichts der engen korrelativen Beziehungen zwischen Auslastungsgrad und dem Grad der Zufriedenheit sowie der Inhaltsanalyse der Diskussion über die Ursachen mangelnden Nutzungsgrads sind wir geneigt, die Angaben über das erlebte Nutzungsdefizit als Teilsymptom der Arbeitszufriedenheit zu werten, das zu dem Führungs- und Entscheidungsverhalten in ähnlich komplexem Verhältnis wie die speziellen Zufriedenheitsmaße steht.

7.1.7 Die Rolle der Interaktion

Wenn Organisationen aus wechselseitig aufeinander bezogenen Positionen und miteinander verflochtenen Verhaltensweisen erklärbar sind (Pfeffer und Salancik 1975), so läge es nahe, den Interaktionsaspekt diadisch aufeinander zugeordneter Akteure zu einem Schwerpunkt der wissenschaftlichen Analyse von Organisationen zu machen. Die Diade zweier Akteure stellt somit eine wesentliche Einheit im Gesamtsystem der Organisation dar und ist selbst als System, in dem sich die Teile wechselseitig beeinflussen, zu verstehen. Um so bemerkenswerter ist die Tatsache, daß dies in der Regel nur selten geschieht. Die Studie von Bass et al. (1975) stellt eine neuere Ausnahme dieser Regel dar. Sie fassen die Diade von Manager und Untergebenen als ein System von „inputs, transforms, and outputs“ auf. Inputs liefern die Aufgabe und die weitere Organisation, „Transformvariable“ sind Führungs- und Interaktionsstile zwischen Vorgesetzten und Untergebenen, Outputs sind Effektivität und Zufriedenheit.

Zu den weiteren Ausnahmen gehören die Arbeiten von Zeidler (1972) und Pfeffer und Salancik (1975), die beide das diadische Konzept auf das Modell des Rollensets (Kahn et al. 1964) ausweiten, das von Nadel (1957) bereits als theoretisches Konstrukt zur Entwicklung einer formalisierten Theorie der Sozialstruktur vorweggenommen ist. Die Arbeit von Pfeffer und Salancik zeigt, daß ein Teil des Verhaltens eines Positionsinhabers aus den Rollenerwartungen von Vorgesetzten und Untergebenen erklärt werden kann.

Noch einen Schritt weiter geht schließlich Franklin (1975), der ganze hierarchische Ebenen in ihrer wechselseitigen Beeinflussung während eines längeren Zeitraumes studiert. Er findet seine Hypothese vom Primat der Beeinflussung der Untergebenen-Ebenen durch die Vorgesetzten-Ebene bestätigt: Erfaßt man das Verhalten von Vorgesetzten und Untergebenen zu einem bestimmten Zeitpunkt t_1 und studiert sie nochmals zum Zeitpunkt t_2 (mehr als ein Jahr später), so reflektiert das Verhalten der unterstellten Mitarbeiter im Zeitpunkt t_2 das Verhalten der Vorgesetzten zum Zeitpunkt t_1.

Interpersonale Beurteilungen waren in unserer Untersuchung das Mittel, um dem interaktiven Geschehen zwischen Vorgesetzten und unterstellten Mitarbeitern näherzukommen:

(1) In der Beurteilung der eigenen Arbeitsanforderungen im Vergleich zu denen des Partners auf der anderen Ebene;
(2) in der Beurteilung der verfügbaren Fähigkeiten des Untergebenen (Ebene 2) durch beide Partner;
(3) in der Beurteilung des Führungsverhaltens des Vorgesetzten (Ebene 1) durch beide Partner;
(4) in der Beurteilung des Nutzungsgrades verfügbarer Fähigkeiten des Untergebenen durch beide Ebenen.

In allen vier Fällen konnten wir charakteristische Divergenzen in den Urteilen der Vorgesetzten und Untergebenen feststellen.

Wie die Ergebnisse zeigen, spielen die Wahrnehmung der eigenen Arbeitsanforderungen im Vergleich zu denen des Partners auf der anderen Ebene und die Wahrnehmung verfügbarer Fähigkeiten, Kenntnisse und Fertigkeiten auf der Untergebenenebene (Ebene 2) eine nicht zu vernachlässigende Rolle. Und zwar sind es die Unterschiede zwischen den Wahrnehmungen der Partner, denen ein besonderes Gewicht zukommt. Auffallende Unterschiede ergeben sich ferner bei der Selbst- und Fremdbeurteilung des Entscheidungsverhaltens der Vorgesetzten sowie des Nutzungsgrades der Untergebenen.

Noch sind wir weit davon entfernt, die präzisen Wirkungen und Entstehungsbedingungen derartiger Wahrnehmungssprünge in der diadischen Beziehung von Vorgesetzten und Untergebenen zu durchschauen. Wir vermuten, daß wenigsten drei dynamische Faktoren am Werk sind: Defensivreaktionen, Dynamik des eigenen Anspruchsniveaus und echte Kommunikationsbarrieren zwischen Vorgesetzten und ihren Mitarbeitern. Wenn eine der Methoden zur Durchleuchtung diadischer Beziehungen die separate Rekonstruktion des Wahrnehmungsfeldes jedes Partners mit

Hilfe interpersonaler Urteile ist (Bavelas 1975), so wird man gezwungen sein, gerade diesen Wahrnehmungssprüngen nachzugehen. Es könnte sein, daß damit ein Grundstein für die Entwicklung einer Wahrnehmungstheorie des Organisationsverhaltens gelegt wird.

7.1.8 Gruppen-Feedback-Analyse (GFA)

Unsere Erfahrung mit der GFA als Methode der Datenerhebung in Organisationen machte zwei, wie uns scheint, wesentliche Vorzüge dieser Verfahrensweise deutlich. Zum einen eignet sie sich dazu, das Zwischenfeld zwischen ideographischer Beschreibung von Einzelfällen und globaleren, nomothetisch ausgerichteten survey-artigen Erhebungen abzudecken. Freilich stellt die Art, wie wir die GFA benutzen, sicher noch keinen Endpunkt möglicher methodologischer Entwicklung dar. Vor allem wird man zum Vorteil der Erhebungsergebnisse die inhaltsanalytische Auswertung der Feedback-Diskussionen noch verbessern und verfeinern müssen. Auch wird man die am einzelnen Fall wichtigen und spezifischen Merkmale künftig noch systematischer mit allgemeineren Merkmalen aus der Survey-Erhebung in Bezug setzen können. Dennoch bietet sich die GFA als das methodische Pendant für situationstheoretische Analyseansätze der Organisationsforschung an, die ja gerade darauf angelegt sind, das Besondere eines bestimmten Falles von allgemeineren Strukturmerkmalen unterschiedlicher Situationen zu trennen.

Der zweite Vorzug liegt in der systematisch eingebauten, umgehenden Rückkopplung der erhobenen Ergebnisse an die Teilnehmer der Untersuchung. Dieser Rückkopplungskreis vermittelte dem Praktiker unmittelbar noch während des Erhebungsprozesses neue Einsichten in Problemzusammenhänge, die ihm in dieser Form aus mancherlei Gründen versperrt geblieben waren. Im Anschluß an viele dieser Feedback-Diskussionen äußerten Teilnehmer sinngemäß: Endlich hätte man im Kollegenkreis in Anwesenheit unbefangener Dritter einmal offen über hausinterne Führungsfragen sprechen und die Meinung der Kollegen erfahren können. In der Hetze und im Druck der Alltagsgeschäfte käme man zu solchen Gesprächen ja doch nie. Es zeigte sich dann auch gruppendynamisch, daß der Untersuchungsleiter in den Diskussionen mit den Teilnehmern in eine ganz andere Beziehung trat, als dies gewöhnlich in Befragungen der Fall ist. Die üblicherweise einseitige Beziehung des Sozialwissenschaftlers zu den Befragten wurde nun in zweiseitige Austauschbeziehungen geformt, in denen innerorganisatorische Erklärungsmöglichkeiten für die Ergebnisse gesucht wurden. In dem Maße, in dem das geschah, bewegte sich die Untersuchung bereits in Richtung auf neue Formen möglicherweise sehr praxisrelevanter Aktionsforschung.

7.1.9 Zusammenfassung

Die Ergebnisse der Untersuchung bestätigen insgesamt unser hypothetisches Modell, wobei jedoch gewisse Einschränkungen gemacht werden müssen, die im revidierten Kontingenzmodell (Diagramm 7−1) verdeutlicht werden: nicht alle hypothetischen Interdependenzen konnten belegt werden, und in einigen Fällen (Ressourcennutzung und Arbeitszufriedenheit) zeigten sich andere Zusammenhangsverhältnisse als ursprünglich angenommen wurde. Relativ wichtige, situativ relevante Strukturmerkmale für die Erklärung des jeweiligen Entscheidungsverhaltens sind Teilaspekte der Situationsmerkmale, die wir als Aufgaben- und Tätigkeitsstruktur sowie als organisatorische Mikrostruktur zusammengefaßt haben. Zur methodischen Erfassung situationsrelevanter aber dennoch übergreifender Merkmale und ihrer Wechselbeziehungen hat sich die Gruppen-Feedback-Analyse im Rahmen unserer Untersuchung bewährt.

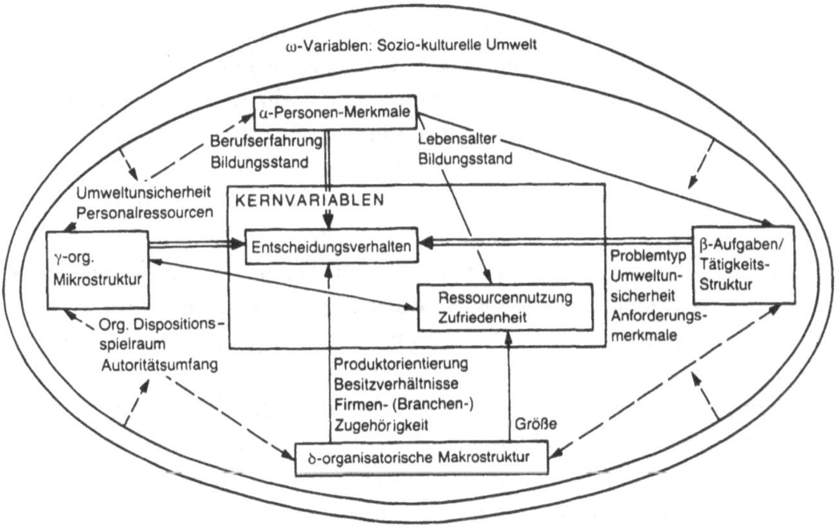

Diagramm 7−1. Revidiertes Kontingenzmodell

- - - - - Hypothetische Beziehung
——— Empirisch belegte Beziehungen
═══ Besonders wichtige Beziehungen

7.2 Praxisperspektive

Die begrenzte Natur unserer Erhebung und die Vorläufigkeit ihrer Ergebnisse mahnen zur Vorsicht. Voreilige Schlüsse und Handlungsanweisungen würden genau wieder der Gefahr erliegen, die abzuwenden der Situationsansatz in der Organisationslehre angetreten ist: die Verabsolutierung von Relativem durch universelle Dogmen. Zumindest einige Problemfelder sollen aber angesprochen werden.

7.2.1 Determination und Freiheit

Ein möglicher Punkt einer Kritik des Kontingenzansatzes ist sein scheinbar mechanistisches Grundmodell. Es könnte der Eindruck entstehen, als sei Führungsverhalten voll aus Umwelt, Technologie, Organisationsstruktur und Aufgaben determiniert, ohne dem Interaktionsspiel der Akteure noch irgendwelche Freiheitsgrade zu erlauben.

Eine solche Auffassung verkennt den Charakter von Kontingenzaussagen in zweierlei Hinsicht. Zum einen sind Aussagen über den situativen Verbund mehrerer Merkmale in erster Linie korrelative Aussagen, die etwas über die Wahrscheinlichkeit des Auftretens eines Merkmals in Anwesenheit anderer aussagen. Dies bedeutet, daß diese Merkmale nicht immer gemeinsam mit einer bestimmten Ausprägung auftreten müssen.

Zum zweiten, und das ist wichtiger, übersieht die Determiniertheitsvermutung, daß die Akteure selbst mit ihren unterschiedlichen Bedürfnissen, Erwartungen, Interessen und Strategien ja Teilstücke sind, welche die jeweilige Situation mit definieren. Die Wahl eines bestimmten Führungs- und Entscheidungsstils ist somit kein Produkt einer mechanistischen Ableitung, sondern ein Problem, situationsadäquate „Paßformen" der Führung zu finden. Es kommt Kontingenzaussagen jedoch darauf an zu zeigen, wo Grenzsituationen bestimmter Führungsstile erreicht werden, bei deren Überschreitung dysfunktionale Folgen auftreten könnten.

Damit ist freilich ein anderes, gesellschaftspolitisch gewichtiges Problem angeschnitten: der Vorbildcharakter des Istzustandes. Wenn wir finden, daß bei „erfolgreichen" Managern Entscheidungen, die den Untergebenen direkt betreffen, zentraler getroffen werden als Entscheidungen mit Relevanz für Mitarbeiter des Untergebenen, so kann dieses Ergebnis u. U. normsetzende Folgen haben. Dasselbe gilt für die Aussage, daß die Mehrheit „erfolgreicher" Manager die Teilung von Einfluß und Macht im

Entscheidungsprozeß vornehmlich instrumental zum Zwecke einer Verbesserung der technischen Qualität von Entscheidungen versteht. Eine solche Aussage kann Vorbildcharakter erwerben, daß der Sinn von Partizipation letztendlich technokratisch sei. Die normative Kraft des Bestehenden.

Dies hätte freilich zur Folge, daß man sich jeder Freiheit auf Veränderung des status quo leichtfertig selbst begibt. So scheint uns gerade im Hinblick auf die Wertrangfolge, die kooperative Führung bei unseren Managern besitzt, eine unangebrachte Verkürzung des Situationsverständnisses vorzuliegen. Angesichts des weltweiten Zuges zu einer Ausweitung der Selbst- und Mitbestimmung Betroffener in allen gesellschaftlichen Bereichen muß man erkennen, daß Partizipation eben nicht nur ein Mittel des Managements ist, die technischen Merkmale von Entscheidungen zu verbessern, sondern durchaus auch anderen Zwecken dient und häufig auch ein Ziel an sich sein mag. Ist es das unbestrittene Privileg des Managements von Industrieorganisationen, die technische Qualität von Entscheidungen zu optimieren, so sollte man sehen, daß auch andere Entscheidungsmerkmale als nur rein technische für andere Gruppen relevant werden, etwa der Grad, in dem die Betroffenen eine Entscheidung und ihre Folgen bejahen und mittragen – ihre Konsensqualität. – Diesen aus dem gesellschaftlichen Umfeld auf Organisationen heute wirkenden Situationsfaktoren Rechnung zu tragen, bedeutet gleichzeitig, sich frei zu machen, den Wandel aktiv mit zu gestalten.

7.2.2 Komplexität

Wohl wird häufig die Praxisnähe des Situationsansatzes unterstrichen (Staehle 1973, 1975 a und b, Carlisle 1973), was im Prinzip auch bestätigt werden muß: man geht induktiv von Realsituationen aus und bemüht sich, Aussagen über verschiedene Aspekte dieser Situationen in ihren Wechselbeziehungen zu machen. Das Problem dieser Aussagen ist dann aber, daß sie nur innerhalb bestimmter Grenzen gültig sind, ein Umstand, den der Rezepte und konkrete Hilfen erwartende Praktiker oft übersieht.

Ausgehend von dieser Tatsache weisen Moberg und Koch (1975) auf die Voraussetzungen hin, unter denen eine fruchtbare Übertragung des Kontingenzansatzes auf Praxisprobleme der Unternehmensführung gelingen kann: eine Anreicherung der Fähigkeiten von Managern, Situationen zu analysieren, sich ihrer eigenen Grenzen und Wirkungen bewußt zu werden und Problemlösetechniken zu beherrschen. Es scheint klar zu sein, daß es sich bei diesen Fähigkeiten nicht um angeborene, sondern um erlern- und verbesserbare Merkmale handelt. Damit kommt den Schulungs- und Fortbildungsmaßnahmen des Managements eine besondere Bedeutung zu.

Wenn situativ bedingte Grenzen eine Schlüsselrolle für die erfolgreiche Übertragung kontingenztheoretischer Forschungsergebnisse in die Praxis haben, so kommt es in erster Linie darauf an sicherzustellen, daß die Situation tatsächlich vergleichbar ist. Situationsdiagnostik ist aber durchaus eine recht schwierig zu begreifende Angelegenheit. Die Vielfältigkeit und Komplexität der Interdependenzen, die für das Organisationsgeschehen von Bedeutung sind, haben sich an den Ergebnissen unserer Studie und, wie wir sahen, vieler anderer bestätigt. Zugleich aber stehen wir in der wissenschaftlichen Analyse von Organisationsverhalten mit Situationsansätzen erst am Anfang und sind noch nicht einmal in der Lage, die spezifischen Grenzbedingungen präzise zu nennen, unter denen Kontingenzergebnisse Gültigkeit beanspruchen. Was wir sagen können, ist, daß zwischen bestimmten Merkmalen einer Situation und ihren Ausprägungen signifikante Zusammenhänge im Sinne wechselseitiger Beeinflussung bestehen, wobei wir auch wissen, wie die Beeinflussung gerichtet ist, und zum Teil sogar, wie bedeutend die Rolle des einen oder anderen Merkmals in diesem Beziehungsgeflecht durchschlägt. Mithin kommt es darauf an, beim Praktiker eine Sensibilisierung für die Differenziertheit von Kontingenzaussagen zu erreichen. Die empirisch nachgewiesenen Beziehungen bieten sich dabei als Suchhypothesen im Prozeß der konkreten Situationsanalyse an, denn sie geben bereits belegte Hinweise darauf, welche Strukturmerkmale von Situationen sich als wichtig erwiesen haben. Diese Möglichkeit ist weniger als eine einfache Verhaltensanweisung, denn sie nimmt dem Praktiker die Selbstgewißheit, mit einem bestimmten Verfahren immer richtig zu liegen; sie ist aber auch mehr als das Kochbuchrezept, denn sie sensibilisiert das Analyseverhalten auf die Punkte, auf die es ankommt, wenn man die Suppe nicht versalzen will.

Ein größeres Verständnis des eigenen Verhaltens und seiner Wirkungen im Unternehmen ist die zweite Forderung für die erfolgreiche Übertragung von Kontingenzperspektiven in die Praxis. Zumeist ist dem Manager selbst nicht klar, mit welchen Selbstverständlichkeiten und unter welchen Wertprämissen er mit Kollegen, Untergebenen und Vorgesetzten zusammenarbeitet. Eben diese Selbstverständlichkeiten gehen aber mit in die jeweilige Situation ein und entscheiden mit über das Endprodukt des sozialen Prozesses. Moberg und Koch geben das Beispiel eines mitarbeiterorientierten Managers in einer Situation, die ein bürokratisches, straff reguliertes Verfahren nahelegt: der Vorgesetzte wird wegen seiner impliziten Wertorientierung an die Einführung solcher Verfahren, selbst wenn sie anderweitig gefordert sein mögen, nur mit Unbehagen herangehen, ohne daß er sich über die Hintergründe seiner Gefühle Rechenschaft ablegen kann.

Korrespondierend zur Komplexität der Situationsanalyse unter Kontingenzaspekten ist schließlich die Komplexität des notwendigen Problemlöse- und Entscheidungsverhaltens. Es gilt mehrere Faktoren gleichzeitig zu berücksichtigen: Interessen und Ziele von Mitarbeitern, von sich selbst und anderen am Unternehmen Interessierten; Aspekte der konkreten Aufgabe und wie sie von anderen gesehen wird; Grenzbedingungen, die durch die technologischen Verfahren, den Markt und umgreifendere gesellschaftliche Wertstrukturen gesetzt werden. Als ein systematischer Weg, die Problemlösekapazität von Managern zu erhöhen, bietet sich die gezielte Anwendung von Feedbackprinzipien an, wie sie in der Gruppen-Feedback-Analyse (GFA) erprobt wurde.

7.2.3 Feedback

Der nahtlose Übergang der GFA von einer Datenerhebungsmethode in eine innerorganisatorische Fortbildungsmaßnahme macht deutlich, daß sie sich als Instrument zur Analyse komplexer organisatorischer Verhältnisse und Problemsituationen besonders gut eignet. Das Prinzip der anonymen Rückkopplung von Teilnehmerwahrnehmungen schafft von vornherein eine Atmosphäre, die der Situation die sonst vermutlich eignende Bedrohlichkeit nimmt. Jeder Teilnehmer hat die Möglichkeit, in seiner Anonymität zu verharren, und kann dennoch durch seine Beurteilungen den anderen Teilnehmern die Information liefern, die seinem Problemverständnis entspricht. Damit erweisen sich gleichzeitig drei Vorzüge der GFA:

- Sie gibt in einer emotional wenig bedrohlichen Gruppensituation, an der möglichst alle von dem zur Diskussion stehenden Problem Betroffenen teilnehmen, die Möglichkeit, die eigene Sicht der Situation und damit die eigenen Bedürfnisse zu artikulieren; sie übernimmt somit eine Ventilfunktion.
- Die GFA erhöht die Einsicht aller Betroffenen in die Komplexität des anstehenden Problems; sie erweitert dadurch das kollektive Problembewußtsein.

- Die GFA tendiert dazu, unter den Teilnehmern die Voraussetzung für gemeinsam akzeptierte Problemlösungen zu schaffen; sie unterstützt damit die Konsensusbildung.

Als Verfahren der innerorganisatorischen Problemanalyse stellt die GFA somit ein mögliches Instrument der Organisationsentwicklung dar. Problemanalyse, Schulung der Mitarbeiter und kollektive Erarbeitung von Lösungsansätzen gehen gleichermaßen in den Prozeß der GFA ein. Durch die Wiederholung von GFA-Zyklen in periodischen Abständen trägt sie den eintretenden Veränderungen über längere Zeiträume hin Rechnung und kann gleichzeitig als Verfahren der Implementationskontrolle gebraucht werden. Ihre Eignung zu innerbetrieblichen Maßnahmen der Organisationsentwicklung stellt mithin die praxisorientierte Seite ihrer Eignung als wissenschaftliches Analysekonzept der Aktionsforschung dar.

7.3 Ausblick

7.3.1 Internationaler Vergleich

Mit unserer Untersuchung ist deutscherseits nun die Voraussetzung für einen systematischen internationalen Vergleich des Führungs- und Entscheidungsverhaltens geschaffen. Dieser Vergleich dürfte erstmals empirische Materialien über Ähnlichkeiten und Unterschiede im Entscheidungsverhalten der Manager aus mehreren Ländern einschließlich der USA liefern und Hinweise darauf geben, worauf die Unterschiede und Vergleichbarkeiten zurückzuführen sind. Es zeichnet sich so die Möglichkeit ab, erste empirisch begründete Aussagen zur These vom Managementgap zu machen und gleichfalls die empirisch wenig belegten und kaum haltbaren Eindrucksberichte (etwa Booz, Allen und Hamilton 1973) über Managementunterschiede zu widerlegen. Sollten sich in den Vergleichsuntersuchungen ähnliche Ergebnisse über den Zusammenhang der von uns untersuchten Variablen ergeben, wie in unserer Untersuchung, so wäre dies eine weitere Bestätigung auch der Gültigkeit der von uns formulierten Kontingenzaussagen. Ihre Relevanz für die Weiterentwicklung des Kontingenzansatzes und die Übertragung auf Praxisprobleme wäre damit erhöht. Die Resultate eines solchen internationalen Vergleichs dürften außerdem ein wichtiger Beitrag für die derzeit aufflammende wissenschaftliche Diskussion über die Kulturabhängigkeit bzw. -unabhängigkeit von Organisationsmerkmalen sein (Hickson et al. 1974, Child und Kieser 1975).

7.3.2 Kontingenzansatz

Die wohl wichtigste Aufgabe in der Weiterentwicklung des Situationsansatzes in der Organisationsforschung und -praxis ist die Entwicklung einer empirisch gestützten Taxonomie von Situationen. Dies bedeutet in erster Linie, daß die für die Erklärung des Verhaltens wesentlichen situationsstrukturierenden Merkmale weiter identifiziert und in ihrem Gewicht abschätzbar gemacht werden. Dabei wird davon auszugehen sein, daß es vor allem die Interaktionswirkungen der Merkmale sind, die situativ das Aktionsfeld in Organisationen strukturieren. Eine solche Taxonomie fordert pari passu mit ihrer empirischen Belegung eine Weiterentwicklung der theoretischen Aussagen, was wiederum der Praxis wesentliche Orientierungshilfen und der Forschung Anstöße zur systematischen Variation und Erfassung der relevanten Faktoren liefert. Nur über diesen Weg scheint die Erarbeitung schließlich normativer Modelle für die Praxis möglich.

7.3.3 Partizipationsforschung

Unsere Untersuchung ist im weiteren Umfeld der Partizipationsforschung angesiedelt. Sie erfaßte die Formen der Interaktion zwischen Vorgesetzten und untergebenen Managern im Entscheidungsprozeß. Es handelte sich dabei um die Kooperationsformen dieser Managementebenen großer Unternehmen. Wir erfaßten vor allem die Formen direkter, d. h. persönlicher, informaler Teilnahme von Untergebenen in Entscheidungsprozessen ihrer Vorgesetzten. Dies ist eine willkürliche Einschränkung, die aus forschungsökonomischen Gesichtspunkten angebracht erschien. Die Gesamtheit der Verteilung von Macht und Einfluß in den Entscheidungsprozessen eines Unternehmens können wir damit jedoch nicht abdecken. Hierfür wären umfassender alle hierarchischen Ebenen und organisatorischen Einheiten und formale Regelungen und Strukturen mit zu berücksichtigen, die wir in unserer diadischen Analyse des Vorgesetzten-Untergebenen-Verhaltens bewußt vernachlässigt haben.

Eine Betrachtung der relevanten Formalstrukturen impliziert dann aber auch eine systematischere Berücksichtigung indirekter Partizipationsformen und -prozesse, d. h. die Mitwirkung von Beschäftigten in Entscheidungen der Unternehmung durch ihre gewählten Vertreter über Betriebsräte, Wirtschaftsausschüsse und Aufsichtsräte. Erst eine solche Betrachtungsweise, die auch die gesetzlichen und tarifvertraglichen Formalstrukturen mit einbezieht und sie in ihren Auswirkungen auf die Verteilung von Macht und Einfluß im Unternehmen hin untersucht (IDE 1976), kann in Anspruch nehmen, einen umfassenderen Ausschnitt der Probleme von Macht und Einfluß, von Kooperation und Partizipation, von Konsens und Konflikt in Unternehmungen in den Griff zu bekommen. In dem Maße, in dem diese Ausweitung durch die nächsten notwendigen Schritte gelingt, nimmt sich auch die sozialwissenschaftliche Organisationsforschung dem Thema an, das für die nächsten Jahrzehnte nicht von der sozial- und gesellschaftspolitischen Tagesordnung kommen dürfte – dem der Mitbestimmung.

Anhang: Fragebogen 1 bis 14

Fragebogen Nr. 1
„Persönliche Merkmale"

A. Bitte benennen Sie Ihre Position in der Firma: ....

B. Ihr Aufgabenbereich (bitte nur eine Kategorie ankreuzen)

1. Allgemeines Management	____	6. Einkauf, Lagerhaltung	____
2. Produktion, Ingenieuraufgaben	____	7. Büro-Organisation, Verwaltung	____
3. Verkauf, Marketing	____	8. Industrial Engeneering Qualitätskontrolle, EDV	____
4. Finanzwesen, Buchhaltung	____	9. Personalwesen, Arbeitgeber-Arbeitnehmer-Beziehungen, Aus- u. Fortbildung	____
5. Forschung und Entwicklung	____	10. Sonstiges	____

11. Seit wievielen Jahren füllen Sie Ihren gegenwärtigen Posten aus? ______
12. Seit wievielen Jahren sind Sie Mitarbeiter dieser Firma? ______
13. Wieviele Mitarbeiter sind Ihnen direkt verantwortlich? ______
(Dies umfaßt nicht unbedingt alle Mitarbeiter, die einen niedrigeren Rang als Sie haben.)
14. Wieviele Mitarbeiter umfaßt die Abteilung bzw. Unterabteilung, der Sie angehören? ca. ______
15. Ihr Alter bitte: ______
16. Bitte nennen Sie Ihren engsten oder rangältesten unterstellten Mitarbeiter mit Namen: ____________________
17. Seit wievielen Jahren arbeiten Sie und dieser unterstellte Mitarbeiter zusammen? ______

Fragebogen Nr. 2
„Arbeitsanforderungen"

Inwiefern und in welchem Maß unterscheidet sich Ihre Arbeit von der Ihres unterstellten Mitarbeiters (Vorgesetzten)?* (Unterschiedliche Bezahlung, Status usw. werden hier nicht berücksichtigt – es geht lediglich um die Arbeit selbst).

Bitte kreuzen Sie jeweils das gewählte Wort an:

1. Verlangt Ihre eigene Arbeit mehr oder weniger an Detailkenntnis fachlicher Probleme?

Sehr viel mehr	Mehr	Etwa gleich	Etwas weniger	Viel** weniger
1	2	3	4	5

2. Verlangt Ihre eigene Arbeit einen engeren oder weniger engen Kontakt zu Menschen?

3. Verlangt Ihre eigene Arbeit mehr oder weniger an Menschenkenntnis?

4. Verlangt Ihre eigene Arbeit mehr oder weniger an Ideenreichtum als die Ihres Mitarbeiters (Vorgesetzten)?

5. Verlangt Ihre eigene Arbeit mehr oder weniger Selbstvertrauen?

6. Verlangt Ihre eigene Arbeit mehr oder weniger Verantwortung als die Ihres Mitarbeiters (Vorgesetzten)?

7. Verlangt Ihre eigene Arbeit mehr oder weniger Entscheidungsfähigkeit?

8. Verlangt Ihre eigene Arbeit mehr oder weniger Takt als die Ihres Mitarbeiters (Vorgesetzten)?

---

* Formulierungen in Klammern sind alternative Formulierungen für Ebene 2. Unterstrichene Passagen entfallen dann entsprechend.

**Diese Antwortkategorien gelten für alle weiteren Fragen des Fragebogens.

9. Verlangt Ihre eigene Arbeit mehr oder weniger Anpassungsfähigkeit?

10. Verlangt Ihre eigene Arbeit mehr oder weniger Durchsetzungsvermögen als die Ihres Mitarbeiters (Vorgesetzten)?

11. Verlangt Ihre eigene Arbeit mehr oder weniger Intelligenz?

12. Verlangt Ihre eigene Arbeit mehr oder weniger Initiative als die Ihres Mitarbeiters? (Vorgesetzten)

Fragebogen Nr. 3

„Ressourcen"

Wenn Sie heute befördert und mit einer anderen Arbeit betraut würden und der von Ihnen genannte engste unterstellte Mitarbeiter müßte morgen Ihre jetzige Stelle übernehmen, wieviel Zeit – wenn überhaupt – bräuchte er, um die notwendigen Fertigkeiten zu erwerben? Für E2: (Wenn Sie morgen befördert würden, um die Arbeit Ihres direkten Vorgesetzten zu übernehmen, wieviel Zeit (wenn überhaupt) bräuchten Sie, um sich die notwendigen Fertigkeiten anzueignen?)

Bitte kreuzen Sie jeweils an:

1. In dem Maße, in dem die Arbeit fachliche Detailkenntnis erfordert

Praktisch keine Zeit	1 Monat	3 Monate	6 Monate	1 Jahr	3 Jahre	6 Jahre	10 Jahre	15 Jahre	Würde es nie lernen*
•	•	•	•	•	•	•	•	•	•

2. In dem Maße, in dem die Arbeit engen Kontakt zu Menschen erfordert
3. In dem Maße, in dem die Arbeit Menschenkenntnis erfordert
4. In dem Maße, in dem die Arbeit Ideenreichtum erfordert
5. Wieviel Zeit bräuchte(n Sie) er, um die notwendigen Fertigkeiten zu erwerben in dem Maße, in dem die Arbeit Selbstvertrauen erfordert
6. In dem Maße, in dem die Arbeit Verantwortung erfordert
7. In dem Maße, in dem die Arbeit Entscheidungsfähigkeit erfordert
8. Wieviel Zeit bräuchte(n Sie) er, um die notwendigen Fertigkeiten zu erwerben in dem Maße, in dem die Arbeit Takt erfordert
9. In dem Maße, in dem die Arbeit Anpassungsfähigkeit erfordert
10. In dem Maße, in dem die Arbeit Durchsetzungsvermögen erfordert
11. In dem Maße, in dem die Arbeit Intelligenz erfordert
12. In dem Maße, in dem die Arbeit Initiative erfordert

---

* Diese Antwortkategorien gelten für alle Fragen des Fragebogens.

Fragebogen Nr. 4
„Arbeitsbedingungen"

Wie würden Sie Ihre jetzige Arbeit beschreiben?

(Bitte kreuzen Sie die jeweils zutreffende Zahl auf der Skala an)

1. Hinsichtlich des Drucks, dem Sie ausgesetzt sind. (Zeit- und Arbeitsdruck)

Sehr hoher Druck						Sehr geringer Druck*
7	6	5	4	3	2	1

2. Wie sehr schränken Geschäftspolitik und Richtlinien sonst denkbare Alternativlösungen für Sie ein?

3. Wie sehr schränkt die überkommene und eingefahrene Praxis sonst denkbare Alternativlösungen für Sie ein?

4. In welchem Maße sind Lösungen und Entscheidungen in Ihrer Arbeit durch technische oder finanzielle Überlegungen, auf die Sie keinen Einfluß haben, determiniert?

5. Wieviel Einfluß haben Sie auf das Verhalten Ihrer Mitarbeiter aufgrund Ihrer formellen Autorität?

6. Wenn Sie in wichtigen Aspekten Ihrer Arbeit Fehler machen, wie schnell werden diese Fehler wahrscheinlich offenbar?

7. In welchem Maße könnten Sie Ihre Arbeit besser erledigen, wenn Sie 10% mehr Zeit dafür hätten?

8. Wieviel Autorität haben Sie über Ihre Ihnen unterstellten Mitarbeiter (sie einzustellen, zu entlassen oder zu befördern, je nachdem, was zutreffen mag)

* Die Antwortkategorien wurden den weiteren 14 Fragen sinngemäß angepaßt.

9. Wäre Ihre Arbeit einfacher und wirkungsvoller auszuführen, wenn Sie mehr oder weniger Ihnen direkt unterstellte Mitarbeiter hätten?

10. In welchem Maße schafft die schnelle technische Entwicklung Probleme in Ihrer Arbeit?

11. In welchem Maße sind Ihre Arbeitsprobleme auf veränderte Anforderungen Ihrer Kunden zurückzuführen?

12. In welchem Maße ist Ihre Arbeitsgruppe formell organisiert, insoweit als die Mitglieder definitive Rollenzuweisungen erhalten haben (die kurzfristig nicht leicht zu verändern sind)?

13. Welcher Anteil Ihrer eigenen Aufgaben und Ihres Aufgabengebiets sind „Sofort-Aufgaben"?

14. Wie oft verlangen Vorgesetzte oder Außenseiter schnellere oder bessere Leistungen von Ihrer Arbeitsgruppe?

15. Wieviel Macht haben Sie, bei Mitgliedern Ihrer Arbeitsgruppe disziplinarisch einzuschreiten, wenn sie Ihre Anweisungen nicht ausführen?

Fragebogen Nr. 5
„Spezifisches Entscheidungsverhalten"

In diesem Bogen interessiert uns vor allem jene Fähigkeit des Managements, die man „Entscheidungsfindung"* nennt. Es gibt eine Vielfalt gängiger Methoden, unter anderem eben die hier aufgeführten. Es ist erwiesen, daß alle in umfangreichem Maße genutzt werden und daß sie alle wirkungsvoll sind.
(Dieser Fragebogen** wird sich mit Entscheidungen befassen, die Ihr direkter Vorgesetzter in Verbindung mit Ihnen trifft. Die Wörter „ihn" und „sein" beziehen sich immer auf ihren Vorgesetzten).

Methoden der Entscheidungsfindung

Eigene Entscheidung ohne detaillierte Erklärung.

Dies sind Entscheidungen, die von Ihnen (Ihrem Vorgesetzten) getroffen werden, ohne vorangehende Erörterung oder Beratung mit unterstellten Mitarbeitern (mit Ihnen), und ohne daß in einer besonderen Besprechung oder schriftlich eine Erläuterung der Entscheidung gegeben wird.

Diese Methode schließt auch Entscheidungen ein, die nach Beratung mit gleichgestellten Management-Kollegen oder Vorgesetzten getroffen werden.

Eigene Entscheidung mit detaillierter Erläuterung.

Wie oben, aber nachträglich erläutern Sie (der Vorgesetzte) das Problem und die Gründe für Ihre (seine) Wahl schriftlich oder in einer besonderen Besprechung.

Vorherige Beratung mit unterstelltem Mitarbeiter (mit Ihnen).

Bevor die Entscheidung getroffen wird, erklären Sie (er Ihnen) das Problem Ihrem Mitarbeiter und bitten ihn (bittet Sie) um seinen (Ihren) Rat und seine (Ihre) Hilfe. Dann treffen Sie

* Der Begriff der „Entscheidung": Er umfaßt den Prozeß, der zur endgültigen Entscheidung führt. Ratschlag und Empfehlungen, die im allgemeinen akzeptiert werden, gelten für die Zwecke dieser Untersuchung als Entscheidung.

** Formulierungen in Klammern sind alternative Formulierungen für Ebene 2. Unterstrichene Passagen entfallen dann.

(trifft er) die Entscheidung selbst. Die endgültige Wahl kann den (Ihren) Einfluß Ihres Mitarbeiters widerspiegeln oder auch nicht.

Gemeinsame Entscheidung mit unterstelltem Mitarbeiter (mit Ihnen)

Sie und Ihr Mitarbeiter (Ihr Vorgesetzter und Sie) analysieren das Problem gemeinsam und kommen zu einer Entscheidung. Der Mitarbeiter hat (Sie haben) gewöhnlich ebensoviel Einfluß auf die endgültige Entscheidung wie Sie (Ihr Vorgesetzter). Wenn mehr als zwei Personen an der Diskussion teilnehmen, wird häufiger die Entscheidung der Majorität akzeptiert, als daß sie verworfen wird.

Delegation der Entscheidung auf den unterstellten Mitarbeiter (auf Sie)

Sie beauftragen Ihren Mitarbeiter (Ihr Vorgesetzter beauftragt Sie), zu einem bestimmten Thema die Entscheidung zu treffen. Sie mögen von ihm (er mag von Ihnen) verlangen, Sie (ihn) von seinen (Ihren) Entscheidungen zu unterrichten oder auch nicht. Sie geben (er gibt) selten ein Veto zu seinen (Ihren) Entscheidungen.

Management – Entscheidungen

Es folgen mehrere Entscheidungen. Wenn Sie (Ihr unmittelbarer Vorgesetzter) nicht autorisiert sind (ist), die endgültige Entscheidung zu treffen oder wenigstens eine formelle Empfehlung abzugeben, die im allgemeinen akzeptiert wird, dann kreuzen Sie bitte „unzutreffend" an. Sollte aber die Entscheidung zutreffen, dann geben Sie bitte an, welche der verschiedenen Entscheidungsprozeduren Sie anwenden (er anwendet), um zur Entscheidungsfindung oder Empfehlung zu kommen. Wenn Sie (er) mehr als eine Prozedur anwenden (anwendet), geben Sie bitte entsprechende Prozentsätze an. Aber meistens werden Sie eine der fünf Alternativen mit 100% bewerten.

1. Die Entscheidung, das Gehalt Ihres direkt unterstellten Mitarbeiters (Ihr Gehalt) zu erhöhen.

   ( ) unzutreffend*
   1________% Eigene Entscheidung ohne detaillierte Erläuterung
   2________% Eigene Entscheidung mit detaillierter Erläuterung
   3________% Vorherige Beratung mit Mitarbeiter
   4________% Gemeinsame Entscheidung mit Mitarbeiter
   5________% Delegation der Entscheidung auf Mitarbeiter
   Insgesamt 100%

2. Die Entscheidung, die Zahl der Angestellten zu erhöhen, die für Ihren Mitarbeiter (Sie) arbeiten.

3. Die Entscheidung, einen von mehreren Bewerbern anzustellen, der für Ihren Mitarbeiter (Sie) arbeiten soll.

4. Die Entscheidung über den Stil und die Aufmachung maschinengeschriebener Briefe im Büro Ihres Mitarbeiters (in Ihrem Büro).

5. Die Entscheidung über den Ankauf eines Ausrüstungsgegenstandes für Ihre Abteilung innerhalb des Kostenrahmens, für den Sie autorisiert sind (Ihr Vorgesetzter autorisiert ist).

6. Die Entscheidung, einen Angestellten zu befördern, der für Ihren Mitarbeiter (Sie) arbeitet.

7. Die Entscheidung, einem Angestellten Ihres Mitarbeiters (Ihnen unterstellten Mitarbeiter) eine Leistungszulage zu geben.

8. Die Entscheidung, die Höhe der Mittelzuweisung für Ihre Abteilung während der Budgetaufstellung der Firma oder für die Planung des folgenden Jahres zu verändern.

9. Die Entscheidung, einen Untergebenen Ihres Mitarbeiters (der für Sie arbeitet) zu entlassen.

---

* Dieselben Antwortkategorien gelten für alle weiteren 11 Fragen des Bogens.

10. Die Entscheidung, eine (Ihre) Arbeitsmethode(n) Ihres Mitarbeiters zu verändern.

11. Die Entscheidung, Ihrem Mitarbeiter (Ihnen) eine andere Tätigkeit (bei gleichem Gehalt) unter Ihrer (seiner) Leitung zuzuweisen.

12. Die Entscheidung darüber, welche Ziele und Leistungsmaßstäbe (bzw. Richtlinien) für Ihren Mitarbeiter (Sie) gesetzt werden sollten.

Fragebogen Nr. 6

„Allgemeines Entscheidungsverhalten“

Berücksichtigen Sie bitte alle wichtigen Entscheidungen, die zu treffen Sie verantwortlich sind – auch die vorher nicht aufgeführten.

Geben Sie in einem allgemeinen und umfassenden Sinne den Prozentsatz der Fälle an, in denen Sie jedes der fünf Entscheidungsverfahren anwenden. Wenn Sie im allgemeinen ein bestimmtes Verfahren nicht anwenden, setzen Sie einfach 0% ein. Denken Sie auch hier in erster Linie immer noch an Ihr Zusammenspiel mit dem von Ihnen benannten Mitarbeiter.

1 ________ % Eigene Entscheidung ohne detaillierte Erläuterung
2 ________ % Eigene Entscheidung mit detaillierter Erläuterung
3 ________ % Vorherige Beratung mit Mitarbeiter
4 ________ % Gemeinsame Entscheidung mit Mitarbeiter
5 ________ % Delegation der Entscheidung auf Mitarbeiter
100 %

Fragebogen Nr. 7

„Horizontales Entscheidungsverhalten"

Wir kommen nun zu einem anderen Problem.

Sie haben wahrscheinlich Kollegen, die Ihnen gleichgestellt sind, und vielleicht möchten Sie – gelegentlich – anstehende Entscheidungen mit ihnen erörtern.

Die Beziehung zu Ihren Kollegen hängt von vielen Faktoren ab und variiert von Person zu Person und von Firma zu Firma.

Bitte denken Sie nur an Ihre Kollegen und nicht an Ihre(n) Vorgesetzten. Betrachten Sie alle wichtigen Entscheidungen, die Sie normalerweise im Laufe eines Jahres treffen und geben Sie an, wie Sie diese im Durchschnitt treffen:

1________% Eigene Entscheidung ohne detaillierte Erläuterung gegenüber den Kollegen

2________% Eigene Entscheidung mit detaillierter Erläuterung gegenüber den Kollegen

3________% Vorherige Beratung mit Kollegen

4________% Gemeinsame Entscheidung mit Kollegen

5________% Delegation der Entscheidungen auf Kollegen*

Insgesamt 100%

Anmerkung: „Entscheidung" umfaßt Empfehlungen, die normalerweise akzeptiert werden.

* Wir denken an Entscheidungen, die Sie normalerweise selbst treffen oder treffen könnten, wenn Sie dies so wünschen.

Fragebogen Nr. 8

„Ressourcen-Nutzung“

Bitte versuchen Sie, sich für einen Augenblick in Ihrem Betrieb „ideale“ technische, organisatorische, personelle und soziale Bedingungen vorzustellen.

1. In welchem Maße könnten dann Ihre eigenen Fähigkeiten, Fertigkeiten und Ihre Erfahrung von Ihrer Firma besser genutzt werden?

   Verbesserte Nutzung in % ....

2. In welchem Maße könnten dann die Fähigkeiten, Fertigkeiten und die Erfahrung Ihres engsten unterstellten Mitarbeiters von der Firma besser genutzt werden?

   Verbesserte Nutzung in % ....

Fragebogen Nr. 9
„Umweltturbulenz"

Bitte denken Sie an Ihre Arbeit in Ihrer eigenen Abteilung oder Unterabteilung während der letzten zwölf Monate

Anmerkung: Die folgenden Fragen beziehen sich auf Unsicherheiten oder Veränderungen, die Ihre Arbeit beeinflussen. Uns interessiert hier sowohl die Häufigkeit als auch die Bedeutung dieser Vorgänge. Sie haben aber nur eine Skala für Ihre Antwort zur Verfügung. Berücksichtigen Sie jedoch beide Aspekte.

Bitte lesen Sie erst alle Fragen durch, bevor Sie eine beantworten.

Bitte seien Sie realistisch und vermeiden Sie Übertreibungen.

1. In welchem Maße haben Verordnungen der Bundes- oder Landesregierung Veränderungen oder Unsicherheiten eingeführt, die irgendeinen Teilaspekt Ihrer Arbeit beeinflussen? (Nicht zu berücksichtigen sind Veränderungen bei direkten oder indirekten Steuern und Abgaben). Bitte kreuzen Sie an der entsprechenden Stelle der Skala an:

Gar nicht			Mäßig		Sehr wichtig*	
1	2	3	4	5	6	7

2. Gab es Veränderungen der direkten oder indirekten Steuern und Abgaben, die Ihre Arbeit beeinflussen?

3. Geben Sie eine Schätzung der Nachfragefluktuation für das Produkt oder die Dienstleistung, für die Sie (oder Ihre Firma) verantwortlich sind. Dies umfaßt auch normale saisonbedingte Fluktuationen, Erzeugnisse, die die Konkurrenz unerwartet auf den Markt gebracht hat etc.

* Die Antwortkategorien wurden sinngemäß den weiteren Fragen des Bogens angepaßt.

4. Geben Sie eine Schätzung der Fluktuationen im Angebot von Produkten, in der Verfügbarkeit von Rohmaterialien oder von Arbeitskräften, die Ihre Arbeit beeinflussen.

5. Geben Sie eine Schätzung der Rate technischer Innovation in Ihrer Arbeit (sowohl in administrativer als auch in technologischer Hinsicht).

6. In welchem Maße wurde Ihre Arbeit in den letzten 12 Monaten durch Fluktuation oder Unsicherheit der Geldliquidität oder Kreditkosten beeinflußt?
Bitte, kreuzen Sie an der entsprechenden Markierung an

6a. Aufgrund von Entscheidungen der Firma?

6b. Aufgrund der Regierungspolitik, z. B. Zinsfuß, Einkaufssteuern etc.?

7. Gab es irgendwelche anderen wesentlichen Fluktuationen, Veränderungen oder Unsicherheiten, die Ihre Arbeit beeinflußten? Welche? (z. B. Arbeitskräftewechsel, überhöhte Lagerbestände, organisatorische Veränderungen während der letzten 12 Monate).

7a. ....

....

7b. Wie wichtig waren sie in der Beeinflussung Ihrer Arbeit?

8. Bitte geben Sie zusammenfassend an, wie Ihre Arbeit im allgemeinen beeinflußt wird durch (a) Unberechenbarkeit und Ungewißheit, (b) die Rate und das Tempo des Wandels.

8a. Durch Unberechenbarkeit und Ungewißheit

8b. durch Rate und Tempo des Wandels

Fragebogen Nr. 10

„Veränderungserwartungen“

Der Begriff „Wandel“, der in den beiden ersten Fragen auftaucht, umfaßt sämtliche denkbaren Wandlungserscheinungen technischer, organisatorischer oder zwischenmenschlicher Art, die Ihren eigenen Industriezweig betreffen könnten. Bitte nehmen Sie eine Schätzung vor.

1. Wenn Sie sich die Fakten ansehen, welches Tempo des Wandels erwarten Sie in Ihrem eigenen Industriezweig während der nächsten Jahre?

   Sehr langsames — Mäßiges — Sehr schnelles

   1 2 3 4 5 6 7

2. Haben Sie das Gefühl, daß dieses Tempo des Wandels zu schnell oder zu langsam sein wird?

   Zu langsam — Angemessen — Zu schnell

   7 6 5 4 3 2 1

3. Glauben Sie, daß künftig – etwa in den nächsten zehn Jahren – Ihre untergebenen Manager (auf der Ebene, die wir hier diskutieren) hinsichtlich ihrer Management-Qualitäten anders sein werden?

   Viel besser — gleich — viel schlechter

   7 6 5 4 3 2 1

Fragebogen Nr. 11

„Aus- und Fortbildung"

1. Sind Sie Mitglied einer beruflichen oder wissenschaftlichen Vereinigung? (z. B. Bund Deutscher Ingenieure, Bund Deutscher Architekten, Internationale Gesellschaft für Management – Wissenschaft etc.)

Name der Vereinigungen	Art der Mitgliedschaft	Mitgliedsjahre

2. Besuchen Sie Treffen o. g. Organisationen? Kreuzen Sie bitte entsprechende Stelle auf der Skala an:

Nie Gelegentlich Recht oft Sehr oft

1 2 3 4 5 6 7

3. Bezahlen Sie persönlich irgendwelche arbeitsbezogenen Zeitschriften (einschließlich Zeitschriften, die Sie als Mitglied einer Vereinigung erhalten – s. auch Punkt 5)?

Name der Zeitschriften	Abonnement seit wieviel Jahren

4. Lesen Sie o. g. Zeitschriften?

Nie Gelegentlich Recht oft Sehr oft

1 2 3 4 5 6 7

5. Lesen Sie irgendwelche arbeitsbezogenen Zeitschriften (Wiederholen Sie nicht bereits aufgeführte Zeitschriften)? Bitte, führen Sie die Zeitschriften auf und markieren Sie die entsprechenden Stellen:

Name der Zeitschrift	s. oft		oft			gelegentlich	
....	7	6	5	4	3	2	1
....							
....							
....	7	6	5	4	3	2	1

6. Treten Sie gelegentlich bei Fachtagungen oder erzieherischen sowie fortbildenden Maßnahmen als Redner auf? Beschreiben Sie jeweils die Maßnahmen und Treffen und geben Sie eine annähernde Schätzung der Zeit, die Sie darauf verwenden.

Allgemeine Ausbildung (ganztägig)

7. Haben Sie Ihre formelle Ausbildung ganztägig nach Ihrem 18. Lebensjahr fortgesetzt?

   Bitte ankreuzen: Ja ______ Nein ______

   Wenn ja, beantworten Sie bitte Fragen 8 und 9:

8. Ganztägig bei einer Technischen Hochschule, Universität usw.

   Wieviele Jahre ______________

9. Bitte geben Sie an: Diplom, akademischer Grad etc. falls abgeschlossen, und annäherungsweise das Datum:

10. Was waren Ihre Haupt-Studienfächer?

Fortbildung außerhalb des Industriezweiges (teilzeitlich)

11. An welchem teilzeitlichen Kursus (falls überhaupt) haben Sie seit Verlassen der Schule/Hochschule/ Universität teilgenommen? Sollten Sie sich an Einzelheiten nicht mehr erinnern, genügen Schätzungen.

Teilzeitliche oder vollzeitliche Fortbildung im Industriezweig

12. Geben Sie Thema und annähernd die Dauer (in Tagen) der Kurse an:

Fragebogen Nr. 12
„Partizipationserwartungen"

Wenn Sie (Ihr jetziger Vorgesetzter)* von morgen an alle wesentlichen Entscheidungen – der Typus von Entscheidungen, die Sie (er) normalerweise im Laufe eines durchschnittlichen Jahres treffen (trifft) – gemeinsam mit einer Gruppe von wenigstens zwei oder möglicherweise mehreren der Ihnen unterstellten Mitarbeiter (Sie eingeschlossen) treffen mußte(n), was würde Ihrer Meinung nach vermutlich geschehen?

Bitte, kreuzen Sie die entsprechenden Wörter an:

1. Ich würde erwarten, daß sich die Qualität der Entscheidungen

Beträchtlich verbessert	verbessert	gleich bleibt	verschlechtert	Beträchtlich verschlechtert
1	2	3	4	5

2. Ich würde erwarten, daß sich das Tempo der Entscheidungen

Beträchtlich erhöht	erhöht	gleich bleibt	verlangsamt	Beträchtlich verlangsamt
1	2	3	4	5

3. Ich würde erwarten, daß sich die Zufriedenheit und Arbeitsmoral meiner Mitarbeiter

Beträchtlich verbessert	verbessert	gleich bleibt	verschlechtert	Beträchtlich verschlechtert
1	2	3	4	5

* Formulierungen in Klammern sind alternative Formulierungen für Ebene 2. Unterstrichene Passagen entfallen dann entsprechend.

Fragebogen Nr. 13
„Gründe der Kooperation"

Bitte bilden Sie eine Rangreihe von 1–5 (= wichtigster) für die folgenden fünf Gründe je nach ihrer Bedeutung.

A. Um die Zufriedenheit zu erhöhen	
B. Um die technische Qualität der Entscheidungen zu verbessern	
C. Um Untergebene fortzubilden	
D. Um die Kommunikation (das Problemverständnis) zu verbessern	
E. Um Wandel zu bewirken	
F. Sonstige Gründe ....×	Nicht in Rangfolge integrieren
..............................×	

Fragebogen Nr. 14
„Allgemeine Zufriedenheit“

Anweisung: Bitte kreuzen Sie eine Zahl auf der Skala von sieben Punkten an.

1. Wie wird Ihrer Meinung nach Ihre Arbeit in dieser Firma geschätzt?

Sehr hoch						Gar nicht
1	2	3	4	5	6	7

2. Wie zufrieden sind Sie mit dem oberen Management?

Sehr zufrieden						Unzufrieden
1	2	3	4	5	6	7

3. Schätzen Sie, wie sehr Sie Ihre Arbeit voraussichtlich in drei Jahren gern haben werden.

Sehr gern						Sehr ungern
1	2	3	4	5	6	7

4. Alles in allem, wie zufrieden sind Sie momentan mit Ihrer Arbeit?

Sehr zufrieden						Unzufrieden
1	2	3	4	5	6	7

Wie im Falle der anderen Unterlagen, wird diese Information natürlich absolut vertraulich behandelt.

Literatur

Alwin, D. F.: The Use of Factor Analysis in the Construction of Linear Composites in Social Research. In: Sociological Methods and Research 2 (1973), No. 2, Dec.

Arbeitsgemeinschaft selbständiger Unternehmer e. V. Selbständige Unternehmer 1966. Ergebnisse einer Umfrage der ASU/JU. Hektographiert, März 1967.

Argyris, Ch.: Intervention Theory and Method. Reading, Menlo Park, London 1970.

Ashour, A. S.: The Contingency Model of Leadership Effectiveness: an Evaluation. In: Organizational Behavior and Human Performance 9 (1973), S. 339–355.

Bales, R. F.: The Equilibrium Problem in Small Groups. In: T. Parsons, R. F. Bales, E. A. Shils: Working Papers in the Theory of Action. Glencoe, Ill., 1953.

Bartölke, K. u. P. Nieder: Zur Frage nach der Leistungswirksamkeit von Führungsstilen. In: Zeitschrift für betriebswirtschaftliche Forschung (1975), S. 449–460.

Barnard, C.: The Functions of the Executive. Cambridge, Mass., 1947.

Bass, B. M., E. R. Valenzi, D. L. Farrow u. R. J. Solomon: Management Styles Associated with Organizational Task, Personal, and Interpersonal Contingencies. In: Journal of Applied Psychology 60 (1975), S. 720 bis 729.

Baumgarten, R.: Betriebliche Führungsstile. Eine Untersuchung zur Typologie und Effizienz von Führungsstilen. Dissertation, Berlin 1974.

Baumgarten, R.: Führungsstile und Führungstechniken. Berlin, New York 1977.

Bavelas, J. B.: Systems Analysis of Dyadic Interaction: The Role of Interpersonal Judgement. In: Behavioral Science 20 (1975), S. 213–222.

Bergmann, U., H. E. Lück u. F. Nachreiner: Vorstellungen vom idealen Vorgesetzten in zwei Hierarchieebenen eines Industriebetriebes. In: Gruppendynamik 3 (1972), S. 220–222.

Von Bertalanffy, L.: The Theory of Open Systems in Physics and Biology. In: Science 3 (1950), S. 23–29.

Biermann, B.: Die soziale Struktur der Unternehmerschaft. Ferd. Enke Verlag, Stuttgart 1971.

Blankenship, L. V. u. R. E. Miles: Organizational Structure and Managerial Decision Behavior. In: Administrative Science Quarterly, 13 (1968), S. 106–120.

Blaschke, D.: Bedingungen des Karriereerfolges von Führungskräften. Frankfurt 1972.

Bleicher, K.: Führungsstile, Führungsformen und Organisationsformen. Zeitschrift für Organisationsformen. Zeitschrift für Organisation (1969), S. 31–40.

Boddewyn, J.: Comparative Management – Teaching, Training and Research. New York University 1970.

Booz, Allen u. Hamilton: German Management: Challenges and Responses – A Pragmatic Evaluation. In: International Studies of Management and Organization 3 (1973).

Brand, G.: Die Lebenswelt. Berlin 1971.

Brinkmann, G.: Die Ausbildung von Führungskräften für die Wirtschaft. Köln 1967.

Brinkmann, G., W. Rippe u. H. Garding: Qualität und Quantität des Bedarfs an Führungskräften der Wirtschaft Nordrhein-Westfalens bis zum Jahre 1990. Westdeutscher Verlag-Opladen 1972.

Bütow, L. u. W. Dorow: Management – eine Problemanalyse. Institut für Unternehmensführung im Fachbereich Wirtschaftswissenschaft der Freien Universität Berlin, Arbeitspapier Nr. 5 (1975).

Bunz, A. R., R. Jansen u. K. Schacht: Qualität des Arbeitslebens. Soziale Kennziffern zur Arbeitszufriedenheit und Berufschancen. Bundesminister für Arbeit und Sozialordnung Bonn 1974.

Burns, T. u. G. M. Stalker: The Management of Innovation. London 1961.

Carlisle, H. M.: Situational Management. New York 1973.

Chaffee, S. H.: Applying the Interpersonal Perception Model to the Real World. In: American Behavioral Scientist 16 (1973), S. 465–468.

Chandler, A. D.: Strategy and Structure. Cambridge, Mass., 1969.

Cherns, A. B.: The Use of the Social Sciences. In: Human Relations 21 (1968), S. 313–325.

Cherns, A. B.: Social Research and its Diffusion. Human Relation, Vol. 21, (4) 1969 S. 210–218.

Child, J.: Predicting and Understanding Organization Structure. In: Administrative Science Quarterly 18 (1973), S. 168–185.

Child, J. u. A. Kieser: Organizational and Managerial Roles in British and West German Companies – an examination of the culture-free thesis. Institut für Unternehmensführung der Freien Universität Berlin, Arbeitspapier Nr. 7 (1975).

Cooper, M.: Rotafac – A Program for Orthogonal and Oblique Factor Analysis. BSRD Statistics and Computing Paper No. 5. UK-Civil Service Department. Behavioral Sciences Research Division. London, March 1972.

Cronbach, L. J. u. G. C. Gleser: Assessing similarity between profiles. In: Psychological Bulletin 50 (1953), S. 456–473.

Cyert, R. M. u. J. G. March: A Behavioral Theory of the Firm. Englewood Cliffs, N.J., 1963.

Daheim, H.-J.: Der Beruf in der modernen Gesellschaft. Köln, Berlin 1967.

Dierkes, M. u. B. Unger: Die Zukunft der Elite – Top-Manager – Batelle-Befragung. In: Manager Magazin (Juni 1975).

Dlugos, G.: Unternehmungspolitik als betriebswirtschaftlich-politologische Teildisziplin. In: J. Wild (Hrsg.): Unternehmungsführung, Festschrift für Erich Kosiol. Berlin 1974, S. 39–73.

Docherty, P.: The Management of Contingencies. Stockholm 1972.

Dorsch, F.: Psychologisches Wörterbuch. Hamburg 1970.

Duncan, R. B.: Characteristics of Organizational Environments and Perceived Uncertainty. In: Administrative Science Quarterly 17 (1972), S. 313–327.

Emery, F. E. (ed.): Systems Thinking. London 1969.

Emery, F. E. u. E. L. Trist: Socio-technical Systems. In: C. W. Churchman u. M. Verhulst (eds.): Management Science, Models and Techniques, Vol. 2. New York, N.Y., 1960, S. 83–97.

Emery, F. E. u. E. L. Trist: The Causal Texture of Organizational Environments. Human Relations, Vol. 18 (1), 1965, S. 21–32.

Ervin, S. u. R. T. Bower: Translation Problems in International Surveys. In: Public Opinion Quarterly 16 (1952/3), S. 595–604.

Evan, W. M.: The Organization-Set: Toward a Theory of Inter-organizational Relations. In: J. D. Thompson: Approaches to Organizational Design. University of Pittsburg Press 1966, S. 173–191.

Farmer, R. N. u. B. M. Richman: Comparative Management and Economic Progress. Homewood, Ill., 1965.

Festinger, L.: The Theory of Cognitive Dissonance. Evanston, Illinois 1957.

Fiedler, F. E.: The influence of Leader – Keyman relations on Combat Crew Effectiveness. In: Journal of Abnormal and Social Psychology 51 (1955), S. 227–235.

Fiedler, F. E.: A Contingency Model of Leadership Effectiveness. In: Advances in Experimental Social Psychology. New York, London 1964, S. 149–190.

Fiedler, F. E.: A Theory of Leadership Effectiveness. New York 1967.

Fittkau-Garthe, H.: Die Dimension des Vorgesetztenverhaltens und ihre Bedeutung für die emotionalen Einstellungsreaktionen der unterstellten Mitarbeiter. Dissertation, Hamburg 1970.

Franklin, J. L.: Down the Organization: Influence Processes across Levels of Hierarchy. In: Administrative Science Quarterly 20 (1975), S. 153–164.

Fürstenau, P.: Institutionsberatung. Ein neuer Zweig angewandter Sozialwissenschaft. In: Gruppendynamik 1 (1970), Heft 3, S. 219–233.

Fürstenberg, F.: Der Beitrag der Soziologie zur Humanisierung der Arbeit. In: Arbeit und Leistung 27 (1973).

Graen, G., K. Alvares u. J. B. Orbis: Contingency Model of Leadership Effectiveness: Antecedent and evidential results. In: Psychological Bulletin 74 (1970), (4), S. 258–296.

Granick, D.: The European Executive. London 1962.

Greiner, L. E.: What managers think of participative leadership. In: Harvard Business Review (1973), March–April S. 111–117.

Grosset, S.: Management: American and European Styles. Belmont, Cal., 1970.

Haire, M., E. E. Ghiselli u. L. W. Porter: Managerial Thinking: An International Study. New York, London, Sidney 1966.

Halal, W. E.: Toward a General Theory of Leadership. In: Human Relations 27 (1974), 4, S. 401–416.

Hall, R. H.: The Concept of Bureaucracy: An empirical Assessment. American Journal of Sociology 1963, 69. S. 32–40.

Harbison, F. u. C. A. Myers: Management in the Industrial World. New York 1959.

Hartmann, H.: Der zahlenmäßige Beitrag der deutschen Hochschulen zur Gruppe der industriellen Führungskräfte. In: Zeitschrift für die gesamte Staatswissenschaft 112 (1956), (1), S. 144–163.

Hartmann, H.: Managers and Entrepreneurs: A useful distinction? Administrative Science Quarterly, Vol. 3, No. 4, 1959, S. 429–451.

Hartmann, H., E. Bock-Rosenthal u. E. Helmer: Leitende Angestellte. Selbstverständnis und kollektive Forderungen. Neuwied, Berlin 1973.
Hartmann, H. u. H. Wienold: Universität und Unternehmer. Gütersloh 1967.
Heller, F. A.: Groop Feed-back Analysis: A method of field research. In: Psychological Bulletin 72 (1969), S. 108–117.
Heller, F. A.: Managerial Decision Making. Assen, London 1971.
Heller, F. A.: Gruppen-Feedback-Analyse als Methode der Veränderung. In: Gruppendynamik 3 (1972a), S. 175–191.
Heller, F. A.: The Decision Process: An Analysis of Power Sharing at Senior Organizational Levels. Vervielfältigtes Manuskript, SFP 2337, Tavistock Institute of Human Relations 1972 (b).
Heller, F. A.: Infrastructures of Organizational Power A Process Model. International Institute of Management, Berlin 1974, Reprint I/74–59.
Heller, F. A. u. B. Wilpert: Limits to Participative Management: Task, Structure and Skill as Contingencies – A German-British Comparison. In: European Journal of Social Psychology (1977).
Heller, F. A. u. G. Yukl: Participation, managerial decision making and situational variables. In: Organizational Behavior and Human Performance 4 (1969), S. 227–241.
Hemphill, J. K. u. A. E. Coons: Development of the leader behavior description questionnaire. In: R. Stogdill u. A. E. Coons (eds.): Leader Behavior: Its Development and Measurement. Ohio State University, Ohio 1957, S. 6–38.
Herwig, B.: Möglichkeiten und Probleme der heutigen Betriebspsychologie. In: Psychologische Rundschau 1 (1950), 4, S. 204–212.
Hickson, D. J., C. R. Hinings, C. J. McMillan u. J. P. Schwitter: The culture-free context of organization structure: A tri-national comparison. In: Sociology 8 (1974), S. 59–80.
Hill, W. A.: Leadership Style: Rigid or Flexible? In: Organizational Behavior and Human Performance 9 (1973), S. 35–47.
Hill, W., R. Fehlbaum u. P. Ulrich: Organisationslehre. Bern, Stuttgart 1974.
Höhn, R., unter Mitarbeit von G. Böhme: Stellenbeschreibung und Führungsanweisung. Die organisatorische Aufgabe moderner Unternehmensführung. Bad Harzburg 1969.
Hofstätter, P. R.: Gruppendynamik. Reinbeck bei Hamburg 1959.
Hollander, E. P.: Style, Structure, and Setting in Organizational Leadership. In: Administrative Science Quarterly 16 (1971), S. 1–9.

IDE-International Research Group: Industrial Democracy in Europe (IDE): An international comparative study. Social Science Information, 15 (1) 1976, S. 177–203.

Kahn, R. L., D. M. Wolfe, R. P. Quinn u. J. D. Snoek: Organizational Stress: Studies in Role Conflict and Ambiguity. New York 1964.

Kast, F. u. J. E. Rosenzweig: Contingency Views of Organization and Management. New York 1973.

Katz, D. u. R. L. Kahn: The Social Psychology of Organizations. New York 1966.

Klockhaus, R.: Führungsverhalten und Effektivität, Überlegungen zur Anwendbarkeit der Ergebnisse neuerer Untersuchungen. In: Psychologie und Praxis 14 (1970), S. 145–160.

Koch, U. u. D. Laschinsky: Untersuchung einiger Probleme im Zusammenhang mit Fiedlers Kontingenzmodell. In: Psychologie und Praxis 16 (1972).

Kochan, Th. A., S. M. Schmidt u. Th. A. Decotiis: Superior – Subordinate Relations: Leadership and Headship. In: Human Relations 28 (1975), (3), S. 279–294.

Köhler, W.: The Place of Value in a World of Facts. Liveright 1938.

Kretzschmar, V. u. H. E. Lück: Zum Fiedlerischen Kontingenzmodell effektiver Führung. In: Arbeit und Leistung 23 (1969), S. 53–55.

Kruk, M.: Die oberen 30000: Industrielle, Bankiers, Adlige. Wiesbaden 1967.

Kruk, M.: Die großen Unternehmer. Woher sie kommen – wer sie sind – wie sie aufsteigen. Frankfurt 1972.

Kunczik, M.: Der ASo-(LPC-)Wert im Kontingenzmodell effektiver Führung. Kritischer Überblick und Vorschlag einer alternativen Interpretation. In: Kölner Zeitschrift für Soziologie und Sozialpsychologie 26 (1974), S. 115–137.

Lammers, C. J.: Power and Participation in Decision Making in Formal Organizations. In: American Journal of Sociology 73 (1967), S. 201–217.

Laszlo, C. A., M. D. Levine u. J. H. Milsum: A General Systems Framework for Social Systems. In: Behavioral Science 19 (1974), S. 79–92.

Lawrence, P. R. u. J. W. Lorsch: Organization and Environment. Cambridge, Mass., 1967.

Lewin, K.: A Dynamic Theory of Personality. New York, London 1935.

Lewin, K.: Feldtheorie in den Sozialwissenschaften. Bern, Stuttgart 1963.

Lewin, K., R. Lippitt u. R. K. White: Patterns of aggressive behavior in experimentally created climates. In: Journal of Social Psychology 10 (1939), S. 271–301.

Likert, R.: The Human Organization. New York 1967.

Lück, H. E.: Einige Determinenten und Dimensionen des Führungsverhaltens. In: Gruppendynamik, 1 (1970), S. 63–69.

Lukatis, I.: Organisationsstrukturen und Führungsstile in Wirtschaftsunternehmen. Frankfurt 1972.

Luhmann, N.: Soziologische Aufklärung. Köln 1971.

March, J. G. u. H. A. Simon: Organizations. New York 1958.

Michaelsen, L. K.: Leader Orientation, Leader Behavior, Group Effectiveness and Situational Favorability: An Empirical Extension of the Contingency Model. In: Organizational Behavior and Human Performance 9 (1973), S. 226–245.

Miles, R. E.: Human Relations or Human Resources? In: Harvard Business Review 43 (1965), S. 148–163.

Miles, R. E., C. C. Snow u. J. Pfeffer: Organization – Environment: Concepts and Issues. In: Industrial Relations 13 (1974), S. 244–264.

Mitchell, T. R.: Leader Complexity and Leadership Style. In: Journal of Personality and abnormal Psychology 16 (1970), S. 166–174.

Moberg, D. J. u. J. L. Koch: A Critical Appraisal of Integrated Treatments of Contingency Findings. In: Academy of Management Journal 18 (1975), (1), S. 109–124.

Nachreiner, F. u. H. E. Lück: Experiences with a German translation of Fleishman's Ohio Leadership Questionnaire. Vortrag beim NATO-Symposium „Leadership and Management Appraisal" Brüssel, 2.–6. August 1971.

Nadel, S.: Theory of Social Structure. Henley-on-Thames 1957.

Neghandi, A. R.: A Model for Analyzing Organizations in Cross-Cultural Settings: A Conceptual Scheme and Some Research Findings. In: Proceedings of the Comparative Administration and Management Conference, Kent State University 1968, S. 55–87.

Negandhi, R. N.: Organization Theory in an Open System. New York, London 1975.

Negandhi, A. R.: Organization Theory in an Open System. New York, Multinationals in Developing Countries. Kent State University Press 1975.

Neghandi, A. N. u. B. D. Estafen: A Research Model to Determine the Applicability of American Know-How in Differing Cultures and/or Environments. In: Academy of Management Journal, Vol. VIII (1965), S. 319–328.

Neubauer, W. F.: Studie zur Messung der individuellen Einstellung gegenüber dem Vorgesetzten in der Industrie. In: Psychologische Rundschau 22 (1971), S. 1–16.

Neuberger, O.: Experimentelle Untersuchungen von Führungsstilen. In: Gruppendynamik 3 (1972), S. 192–219.

Neuberger, O.: Organisationsstruktur und Organisationsklima zur Beschreibung der Situation in Organisationen. In: Problem und Entscheidung (1973), H. 10, S. 26–87.

Neuberger, O.: Führungsverhalten und Führungserfolg. Berlin 1976.

Neuberger, O. u. B. Roth: Führungsstil und Gruppenleistung. Eine Überprüfung von Kontingenz-Modell und LPC-Wert. In: Zeitschrift für Sozialpsychologie 5 (1974), (2), S. 133–144.

Nowotny, O. H.: American versus European Management Philosophy. Harward Business Review (1965), March–April, S. 101–108.

Perrow, C.: A Framework for thc Comparative Analysis of Organizations. In: American Sociological Review 32 (1967), S. 194–208.

Perrow, C.: Organizational Analysis: a Sociological View. Belmont, Cal., London 1970.

Pfeffer, J. u. G. R. Salancik: Determinants of Supervisory Behavior: A Role Set Analysis. In: Human Relations 28 (1975), (2), S. 139–154.

Porter, L. W. u. E. E. Lawler III: Properties of Organization Structure in Relation to Job Attitudes and Job Behavior. In: L. L. Cummings u. W. E. Sott (eds.): Readings in Organizational Behavior and Human Performance. Homewood, Ill., 1969, S. 402–433.

Pross, H. u. K. W. Boetticher: Manager des Kapitalismus, Untersuchung über leitende Angestellte in Großunternehmen. Frankfurt 1971.

Pugh, D. S., D. J. Hickson, C. R. Hinings u. C. Turner: Dimensions of Organization Structure. Administrative Science Quarterly, 1968, 13, 65–105.

Rapoport, R. N.: Three Dilemmas in Action Research. In: Human Relations 23 (1970), 6, S. 499–513.

Rapoport, R. N.: Drei Probleme der Aktionsforschung. In: Gruppendynamik 3 (1972), S. 44–61; erstmals erschienen in Human Relations 23 (1970), 6, S. 499–513.

Rice, A. K.: Productivity and Social Organization: The Ahmedabad Experience. London 1958.

Runyon, K. E.: Some Interactions between Personality Variables and Management Styles. In: Journal of Applied Psychology 57 (1973), (3), S. 288–294.

Seifert, K. H.: Untersuchungen zur Frage der Führungseffektivität. In: Psychologie und Praxis 13 (1969), S. 49–64.

Seiler, J. A.: Systems Analysis in Organizational Behavior. Homewood, Ill., 1967.

Servan-Schreiber, J.-J.: Le Défi Americain. Paris 1967.

Staehle, W. H.: Organisation und Führung sozio-technischer Systeme. Grundlagen einer Situationstheorie. Stuttgart 1973.

Staehle, W. H.: Der situative Ansatz in der Organisations- und Führungslehre. In: K. Macharzina u. W. Oechsler: Personalmanagement. Wiesbaden 1975 (a).

Staehle, W. H.: Der situative Ansatz in der Betriebswirtschaftslehre. Arbeitspapiere Fachgebiet Betriebswirtschaftslehre der Technischen Hochschule Darmstadt, 1975 (b).

Staehle, W. H.: Die Stellung des Menschen in neueren betriebswirtschaftlichen Theoriesystemen. In: Zeitschrift für Betriebswirtschaft 45 (1975 c), S. 713–724.

Starbuck, W. H.: Organizations and their Environments. In: Dunette, M. D. Handbook of Industrial and Organizational Psychology. Rand McNally: Chicago 1976, S. 1069–1123.

Stogdill, R. M.: Handbook of Leadership. New York, N.Y., London 1974.

Stogdill, R. M. u. A. E. Coons (eds.): Leader Behavior: Its Description and Measurement. Ohio State University, Ohio 1957.

Schöllhammer, H.: The Comparative Management Theory Jungle. In: Academy of Management Journal 12 (1969), (1), S. 81–97.

Schöllhammer, H.: Strategies in Comparative Management Theorizing. In: J. Boddewyn (ed.): Comparative Management. New York University 1970, S. 13–44.

Schreyögg, G.: Führungsstil, Führungssituation und Effektivität. In: Arbeit und Leistung (1973), S. 29–36, u. S. 57–61.

Tagiuri, R. u. G. H. Litwin: Organizational Climate – Explorations of a Concept. Boston 1968.

Tagiuri, R.: The Concept of Organizational Climate. In: R. Tagiuri u. G. H. Litwin (eds.): Organizational Climate. Boston 1968, S. 11–34.

Tannenbaum, A. S., B. Kavčič, M. Rosner, M. Vianello u. G. Wieser: Hierarchy in Organizations. San Francisco, Washington, London 1974.

Tayler, J. C., et al.: The Quality of Working Life: An annotated bibliography 1957–1972. Center for Organizational Studies, Graduate School of Management, University of California, Los Angeles o. J.

Terry, P. T.: The Contingency Theory of Organization – Its development and applications. Unveröffentlichte Magister-Thesis, Loughborough University of Technology 1973.

Thompson, J. D.: Organizations in Action. New York 1967.

Trist, E. L. u. K. W. Bamforth: Some Social and Psychological Consequences of the Long Wall Method of Coal-Getting. In: Human Relation 4 (1951), (1), S. 3–38.

Tscheulin, D. u. A. Rausche: Beschreibung und Messung des Führungsverhaltens in der Industrie mit der deutschen Version des Ohio-Fragebogens. In: Psychologie und Praxis 14 (1970), S. 49ff.

Tscheulin, D.: Leader Behavior Measurement in German Industry. In: Journal of Applied Psychology 57 (1973), (1), S. 28–31.

Vroom, V. H.: Industrial Social Psychology. In: G. Lindzey u. E. Aronson (eds.): Handbook of Social Psychology, Vol. 5, 1969, S. 196–268.

Vroom, V. H. u. Ph. W. Yetton: Leadership and Decision-making. Pittsburgh 1973.

Weber, M.: Wirtschaft und Gesellschaft. Köln 1964.

Weick, K. E.: The Social Psychology of Organizing. Reading 1969.

Wilpert, B.: Research on Industrial Democracy: The German Case. In: Industrial Relations Journal 6 (1975), S. 53–64.

Wilpert, B. u. F. A. Heller: Decision Making in German and British Companies. International Institute of Management, Berlin, Pre-print Series, No. I/74–63, 1974.

Wilpert, B. u. F. A. Heller: Power Sharing at Senior Management Levels. In: OMEGA, International Journal of Management Science 1 (1973), (4), S. 451–464.

Woodward, Joan: Industrial Organization: Theory and Practice. London 1965.

Yukl, G.: Toward a Behavioral Theory of Leadership. In: Organizational Behavior and Human Performance 6 (1971), S. 414–440.

Zapf, W.: Die deutschen Manager – Sozialprofil und Karriereweg. In: W. Zapf (Hrsg.): Beiträge zur Analyse der deutschen Oberschicht. 2. Aufl. 1965, S. 136–149.

Zeidler, K.: Anforderungen an kaufmännische Führungskräfte. Frankfurt 1972.

Zepf, G.: Kooperativer Führungsstil und Organisation. Wiesbaden 1972.

Sachregister

Personenregister

Mensch und Organisation

Eine Schriftenreihe
herausgegeben von W. H. Staehle

Michael Gaitanides

Industrielle Arbeitsorganisation und technische Entwicklung

Produktionstechnische Möglichkeiten qualitativer Verbesserungen der Arbeitsbedingungen

Groß-Oktav. 194 Seiten. Mit Tabellen und 25 Abbildungen im Text. 1976. Gebunden DM 68,–
ISBN 3 11 005938 (Band 1)

Helmut Schlicksupp

Kreative Ideenfindung in der Unternehmung

Methoden und Modelle
Groß-Oktav. 255 Seiten. Mit 79 Abbildungen im Text. 1977. Gebunden DM 76,–
ISBN 3 11 0068095 (Band 2)

Hermann Joachim Weihe

Unternehmungsplanung und Gesellschaft

Groß-Oktav. 246 Seiten. Mit 21 Abbildungen. 1977. Gebunden DM 86,–
ISBN 3 11 0068109 (Band 3)

Hans-Christian Pfohl

Problemorientierte Entscheidungsfindung in Organisationen

Groß-Oktav. 329 Seiten. 1977. Gebunden DM 98,–
ISBN 3 11 0070936 (Band 5)

Andreas Remer

Personalmanagement

Mitarbeiterorientierte Organisation und Führung von Unternehmungen

Groß-Oktav. Etwa 384 Seiten. 1977.
Gebunden etwa DM 98,–
ISBN 3 11 0072890 (Band 6)

Preisänderungen vorbehalten

FSC
www.fsc.org
MIX
Papier | Fördert
gute Waldnutzung
FSC® C083411

Kolibri 360 GmbH
Ferdinand-Jühlke-Straße 7
99095 Erfurt, Deutschland
produktsicherheit@kolibri360.de